魏晉思想論

中華書局印行

魏晉思想論目錄

魏晉思想論

第一章　魏晉思想的環境

一　曹氏父子的風尚

曹操雖是讀書人，但對於儒家的倫理名教，並不重視。本紀上說他『少機警，有權謀，而任俠放蕩，不治行業。』這就可以看出他的性格。他一旦得勢，便採取了嚴格的法治政策，嚴刑罰，禁誹謗，士大夫的生命與言論，都失去了自由。他對於當代那些講禮法名節的儒教徒，有點瞧不上眼。他所尊重的人才，是那些有權謀有膽略的英雄好漢。只要你有本領有計劃，不問你的德行和學問。他認爲德行學問，在政治的運用上，並無用處。正如叔孫通所說：儒家難與進取，可與守成。曹操的時世，正是進取的時代。所以他不能重視那些可與守成的儒家。他在求賢令內說：

『今天下尚未定，此特求賢之急時也。若必廉士而後可用，則齊桓何以霸世？今天下得無有被褐懷玉而釣於渭濱者乎？又得無盜嫂受金而未遇無知者乎？二三子其佐明揚仄陋，唯才是舉，吾得而用之。』（魏武帝集）

『夫有行之士，未必能進取進取之士，未必能有行也。陳平豈篤行，蘇秦豈守信耶？而陳平定漢業，蘇秦濟弱燕。

由此言之，事有偏短，豈可廢乎？有司明此義，則士無遺滯，官無廢業矣。』（同上）

他的理想政治，是齊桓公的霸業。求才的標準，是要姜太公陳平蘇秦那般權謀法術之士。要這般人才，能在政治上得着進取的效果。只要他們眞能有進取的才能，沒有品行，沒有廉恥，都是無關重要的。他在求逸才令內面，把這種意思，說得更透澈。

『昔伊摯傅說出於賤人，管仲桓公賊也，皆用之以興。蕭何曹參縣吏也，韓信陳平負污辱之名，有見笑之恥，卒能成就王業，聲著千載。吳起貪將，殺妻自信，散金求官，母死不歸，然在魏，秦人不敢東向，在楚，三晉不敢南謀。今天下得無有至德之人放在民間，及果勇不顧，臨敵力戰，若文俗之吏，高才異質，或堪爲將守，負污辱之名，見笑之恥，或不仁不孝，而有治國用兵之術，其各舉所知，勿有所遺。』（魏武帝集）

他在古代歷史上，發現那些成王稱帝的霸主，都是用的一些罪人賤士，成就了大業。他需要的人才，只要你有治國用兵之術，不必問污辱之名見笑之恥，也不必問不仁不孝寡廉鮮恥。你有一分本領，就給你一分事作。於是强盜流氓亂臣賊子，一齊收下，因爲那些人都各有各的用處。堂堂的政府命令，一而再再而三地頒佈出來，對於當代人心的影響，自然是非常大的。在這種狀態下，還有誰來講名節禮教，還有誰來講學問德行呢？於是儒家培植了幾百年的倫理觀念與道德哲學，被他這幾個命令，摧毀得精光了。東漢末年讀書人的一點氣節，也被他摧毀得精光了。到這時候，自然是法術縱橫家應時而起了．有權謀智力的人，有巧妙辭令的人，都可以做大官發大財．幾位有名望的儒者，那時候正在東流西蕩地逃命．

他這種輕視儒家的態度，比起劉邦用小便溺儒冠的事來，還要利害得多．他正式毀滅了儒家的仁孝學說．而仁孝學說，又是儒家思想的根底．在這種情形之下，儒家也是得設法保全自己的性命的．於是他們也只好接受道家的卑弱自守保性全眞的養生術了．如果你稍稍激烈，他倒要用破壞名教禮法的罪名加到你的頭上，使你同孔融一路歸天，連兒女也同歸於盡．無恥一點，學學蔡中郎也好，官是可以做到手的，不過蔡中郎也死在王允的手裏，其結果並不佳．尊崇節義敦厲名實的顧炎武看了這種情形，很感慨地說：

『孟德既有冀州，崇奬跅弛之士，觀其下令再三，至於求不仁不孝而有治國用兵之術者．於是權詐迭進，姦逆萌生．故董昭太和之疏，已謂當今年少不復以學問爲本，專以交遊爲業；國士不以孝悌淸修爲首，乃以趨勢求利爲先．……夫以經術之治，節義之防，光武明章數世爲之而未足；毀方敗常之俗，孟德一人變之而有餘．』（日知錄兩漢風俗）

所謂『毀方敗常，』說得似乎稍稍過火一點，但是魏晉時代士風的轉變，曹操確是要負相當的責任．

曹操去世，曹丕登台，那套禪讓的把戲，鬧得非常熱鬧，那情形，眞有點像唐虞盛世。雖說是推來推去，結果還是應天順人坐上了皇帝的寶座。他雖是忙着立太學祀孔子，並不是純粹的儒教徒。他一生風流文雅，名士派十足。詩文寫得極漂亮，情感也很銳敏。在這些地方，同李後主的氣質是有幾分相像的。他又比秦始皇漢武帝聰明，知道神仙長生都是騙人的鬼話，一點也不可信。在典論論方術的文章裏，表示了反對方士的意見。皇帝的寶位雖是坐上了，人生的幻滅感仍是免不了的。才質愈是聰明情感愈是銳敏的人，這種幻滅感愈是深切。神仙長生之道，既是不可靠，因此他想把他有限的生命寄託到文學裏去。典論論文、與王朗書、與吳質書，都時時流露出來這種意見。在他的左右，環繞着濃厚的文學空氣。父親兄弟以及他的友朋臣僚，建立了一個代表建安文學的中心集團。他的作品在中國文學史上的地位，比起他自己在帝王史上的地位要高得多。

愛好文學的人，大都是愛慕自由放達，不喜拘束。曹丕也是這樣的一個人。他做了皇帝，很羨慕漢文帝時代的道家政治，對於他父親那種嚴刑重法的政策，很不滿意。接連地下着息兵詔、輕刑詔、禁復讎詔、薄稅詔等等重要的命令，無非是採取道家的無爲思想，少用刑罰，與民休息。他當時和大臣們討論政治，時常贊慕漢文帝寬仁玄默，有賢聖之風。我們知道漢文帝是一個有名的黃老思想者。當時他的大臣們，大半是受了他父親法術思想的影響的舊人，所以都不贊成他那種意見，只好轉灣抹角地說：『文帝雖賢，其於聰明通達國體，不如賈誼。』他聽了很不以爲然，於是作太宗論論文帝說：

『昔有苗不賓，重華舞以干戚；尉陀稱帝，孝文撫以恩德；吳王不朝，錫之几杖以撫其意，而天下賴安。能弘三章之教，愷悌之化，欲使曩時累息之民，得闊步高談，無危懼之心。若賈誼之才，籌畫國政，特賢臣之器，管晏之姿，豈若孝文大人之量哉？』（魏志文帝紀注引魏書）

他這種意見，同他父親的正是相反。他父親崇奉的法家人物如管仲賈誼之流，他看不起。他所贊賞的却是文帝那種輕法息兵的道家精神。因此孫權三年不服，他把太宗論頒佈各地，表示決不用兵的意思，並且把他著的典論和詩賦抄寫兩份，一寄孫權，一寄張昭。大概是想用藝術的情緒去感化他們罷。他這種作法，就是現在看來，也是覺得非常浪漫的。再看他在輕刑詔內說：『今事多而民少，上下相弊以文法，百姓無所措其手足。昔太山之哭者，以爲苛政甚於猛虎。吾備儒者之風，服聖人之遺教，豈可以目翫其辭，行違其誠者哉？廣議輕刑，以惠百姓。』（魏文帝集．漢魏六朝百三名家集）到這時候，他父親剛建立起來的法治政策，全被他推翻了。他雖自命備儒者之風，實際已接受道家的無爲政治思想了。這樣看來，荀粲、夏侯玄、何晏、王弼他們的崇尚老學，並不是什麼偶然的事。一個愛好文學尊奉黃老精神的皇帝，給與當代士大夫的影響，自然會產生那種玄學和曠達的風氣。靈王愛細腰，羣臣以一飯爲節，勾踐獎勇猛，人民皆赴湯蹈火，上者倡之，下者和之，古今都是如此。傅玄在舉清遠疏中說得好：『近者魏武好法術，而天下貴刑名，魏文慕通達，而天下賤守節．其後綱維不攝，而虛無放誕之論，盈於朝野，使天下無復清議，而亡秦之病復發於外矣．』（晉書本傳）他這種意見是相當正確的．病根他算是看到了，不過當時的政治全無辦法，不僅不能消滅那種風氣，反而助長那種風氣的發展．

曹植我們都知道他是建安文壇的領袖．他在與楊德祖書裏雖是說了『辭賦小道，未足以揄揚大義，彰示來世』的話，要『戮力上國，流惠下民，建永世之業，留金石之功』他却是一個道地的詩人．看他這種口氣，好像是一個儒家，其實他的道家思想比他老兄還濃厚得多．在他的作品裏充滿了超現實的色彩．兩晉盛行的游仙文學，在曹植的作品裏，已經有不少了．看看洛神賦、升天行、仙人篇、游仙、遠遊篇諸作，就會明白的．在七啓那篇文章裏，將作者對於入世出世這兩個問題的懷疑與苦悶，表現得非常深刻．再如玄暢賦、釋愁文、髑髏說諸篇，完全是老莊的思想．釋愁文中說：『吾將贈子以無爲之藥，給子以澹薄之湯．刺子以玄虛之鍼，灸子以淳朴之方．安子以恢廓之宇，坐子以寂寞之牀．使王喬與子遨遊而逝，黃公與子詠歌而行．莊子與子具養神之饌，老聃與子致愛性之方．』他在這裏所講的，無一不是同現實的儒家觀念，取着反對的地位，而完全投入道家的懷抱裏去了．再在髑髏說內，極端地歌頌着死的幸福和生的苦惱，表現了濃厚的厭世思想．他說：

『夫死之爲言，歸也．歸也者，歸於道也．道也者，身以無形爲主，故能與化推移．陰陽不能更，四時不能虧，是故洞於纖微之域，通於恍惚之庭．望之不見其象，聽之不聞其聲，挹之不充，注之不盈，吹之不凋，噓之不榮，激之不流，凝之不停．寥落冥漠，與道相拘．偃然長寢，樂莫是踰．……太素氏不仁，勞我以形，苦我以生．今也幸變而之死，是反吾眞也．何子之好勞而我之好逸乎？予將歸於太虛．』（曹子建集）

作者借着髑髏的口，發揮自己對於生死的感想．而其思想的根底完全出於道家的事，是非常明顯的．解釋道的那一段，完全出自老子，讀者一看就會知道的了．至於他這種死樂生苦的意見，在魏晉人僞造的列子裏，也有同樣的理論．楊朱篇說：『孟孫陽問楊子曰：有人於此，貴生愛身，以蘄不死，可乎？曰：理無不死．以蘄久生，可乎？曰：理無久生．生非貴之所能存，身非愛之所能厚，且久生奚爲？五情好惡，古猶今也．四體安危，古猶今也．世事苦樂，古猶今也．變易治亂，古猶今也．既聞之矣，既見之矣，既更之矣，百年猶厭其多，況久生之苦也乎？』由此看來，曹子建的思想與作品，對於後來的哲學文學界，自然會發生很大的影響了．

二　儒學的墮落

魏武的貴刑名，魏文的慕通達，曹子建的尙玄虛，對於當代士風的影響，以及給予儒學的打擊，自然是很重的．不過儒學本身的墮落，及其經學的支離破碎，也要負很大的責任．儒學到了漢末，因其墮落腐化，起了大大的動搖，再不能得到頭腦清醒的青年們的信仰了。

漢武帝時代起來的儒家，雖頂着孔子那塊老招牌，其學說已經不是孔子的眞面目了。他們那時所倡導的，是春秋內面的微言大義。最重要的便是那大一統與受命改制的學說。因了這些理論，他們主張罷黜百家，統一思想，建立絕對的君權政治。同時採取鄒衍一派的終始五德說，主張改正朔，易服色，再加以陰陽五行說，構成一套極巧妙極神祕的天人感應的政治哲學。這種哲學與社會民生並沒有什麼好處，不過替皇帝裝點，使他的地位更加鞏固而已。於是當代的儒家，帶了很濃厚的方士氣味，哲學成了迷信的宗教。董仲舒和春秋繁露，是當時儒家與儒家哲學的代表。我們只要拿春秋繁露和論語對比一下，就可以知道當時的儒家思想與孔子思想有什麼不同。

後來這種天人感應的哲學，又加以讖緯符命等等的怪論，於是迷信與鬼氣的成分更重了。當代的儒家，如董仲舒、韓嬰、匡衡、翼奉、劉向、京房之流，顏色雖有濃淡，無不染了這種惡毒。幾部經書都塗滿了這種顏色。翼奉說：『易有陰陽，詩有五際，春秋有災異，皆列終始，推得失，考天心，以言王道之危安。』易本是一部卜筮書，春秋是一部政治史，自然容易附會，最後連一部詩經也被他們迷信化，神祕化。這本領眞不小。在各詩中分配着五行五德天干地支種種怪名目，什麼六情五性五際，鬧不清爽。牛鬼蛇神，爲煙瘴氣，一部好好的文學書，弄成一本推背圖了。在這種空氣之下，我們還有什麼哲學，還有什麼眞理頭腦淸醒點的讀書人，自然對這種學術狀態不能滿意。難怪桓譚張衡之流，都要起來反對了，但作爲反對派的代表的，自然是王充。王充以經驗論實證論者的科學精神，對當代的哲學施以猛烈的攻擊。他認爲迷信與尊古是當代學術發展的兩大障礙。於是他作了變虛、疑虛、感虛、福虛、禍虛、龍虛、禹虛等篇，把陰陽五行災異之說，攻擊得體無完膚。又作刺孟、非韓、問孔諸篇，打破時人尊古的觀念。不過那種作爲君主政治的護身符的迷信哲學，在政治的統制力量沒有崩潰以前，它的地位是不會動搖的。但是，我們至少可以相信當代流行的那種儒教加迷信的神鬼哲學，已爲一般思想前進的青年所反對。只要政治的力量一動搖，它的地位就要受致命的打擊的。所以到了漢朝末年，在號稱儒家的仲長統、荀悅、崔實、徐幹的著作裏所表現的思想，大都離開迷信的空氣，趨於現實的人生的理論。到了魏晉那個大變動的時代，在學術上起了劇烈的解放與自由的傾向的事，可以說是當然的了。

上面所講的是儒家在思想方面的墮落。其次我們要看他們在經學方面硏究的情形。在這一方面所產生的數量雖是不少，但有一個共同的缺點，便是缺少創造性。對於經書的訓詁與註釋，在始皇燒書以後的文化遭難時代，自然是必要的。但將學者全部的精力獻給在這種工作上，其結果一定把經學的本來面目弄得非牛非馬，破碎支離，全無生氣。在這裏面，不知道埋沒了多少靑年的聰明與思想。班固在藝文志中說：

『後世經傳既已乖離，博學者又不思多聞闕疑之義，而務碎義逃難，便辭巧說，破壞形體，說五字之文，至於二三萬言，後進彌以馳逐，故幼童守一藝，白首而後能言，安其所習，毀所不見，終以自蔽，此學者之大患也。』

班固對於當代經學家的攻擊，是極其正當的，所謂便辭巧說，破壞形體，安其所習，毀所不見，這是經學家研究的態度與方法不對，說五字之文，至二三萬言，幼童守一藝，白首而後能言，這是說經學家的浪費精力於實學無所裨益，然而後進彌以馳逐，終以自蔽，是什麼原因呢？我們簡單地回答這種工作，可以升官發財，拿錢吃飯，班固在儒林傳贊內，說得最切實。

『自武帝立五經博士，開弟子員，設科射策，勸以官祿，訖於元始，百有餘年，傳業者寖盛，支葉蕃滋，一經說至百餘萬言，大師衆至千餘人，蓋祿利之路然也。』

世上再沒有什麼事，比得上利祿的力量的，明清兩代的八股，那麼風行，也就正是利祿二字引誘的力量，漢代儒者的說經，同這情形多少有些相像，頭腦清醒的人，並不只班固一個，如桓譚在新論內，時露其譏諷，揚雄在法言內也說出『今之學者，非獨爲之華藻，又從而繡其鞶帨』的憤慨的話了，在漢代的君主政治還能勉強支持的時候，這種學問還可以繼續維持，等到政治一動搖，這自然就會爲一般人所鄙棄了，范曄在後漢書儒林傳論內說得好。

『夫書理無二，義歸有宗，而碩學之徒，莫之或徙，故通人鄙其固焉，……且觀成名高第，終能遠至者，蓋亦寡焉。

而迂滯若是矣．然所談者仁義，所傳者聖法也．故人識君臣父子之綱，家知違邪歸正之路．自桓靈之間，君道秕僻，朝綱日陵，國隙屢啓．自中智以下，靡不審其崩離．』

這話說得很清楚．當時的儒學，迂滯若是，通人鄙其固執．自然產生不出什麼偉大的學者．但是他們開口不離忠孝名節，禮樂制度，這都是聖賢的人倫大道，什麼人都不能反對．等到君道秕僻朝綱日陵的時代，這套道理，完全沒有用處．既不能救世，也不能救身．正如范滂被宦官處死之時，悲痛地對他兒子說：『我要你去作惡事，但惡事實在做不得．要你去作善事，但我是作善事的結果又是如此．』這正代表儒教徒在亂世的悲哀．還有許多儒家，行爲言論並不一致．講的是仁義道德，作的是盜賊行爲．這種人自然更爲一般人所輕視了．到了這種地步，就是中智以下的人，也知道崩離破碎的經學的無用，要轉換一個方向了．曹操重法術，曹丕慕通達，於是研經之士，失了利祿之門．儒學便呈現了極度衰微的狀態．魚豢在魏略儒宗傳序中說：

『從初平之元（漢獻帝年號），至建安之末，天下分崩，人懷苟且，綱紀既衰，儒學尤甚．……正始中，有詔議圜丘，普延學士，是時郎官及司徒領吏二萬餘人，雖復分布，在京師者，尙且萬人，而應書與議者，略無幾人．又是時朝堂公卿以下四百餘人，其能操筆者，未有十人，多皆相從飽食而退．嗟呼學業沈隕，乃至於此．』（全三國文）

從初平到正始，不到六十年，儒學衰微，到這種地步，眞令人驚異，宜乎魚豢，大致其慨歎之辭了．這原因雖可歸咎於政治，但它本身的崩離墮落，再無力量維繫人心，也是一個重要的因子。到了晉朝雖有少數保守儒學殘壘的如傅玄范甯之流，努力掙扎，已經是强弩之末，難以振作了。

三　政治與民生

東漢的桓靈二朝，是宦官外戚爭權最烈的時代。因爲皇帝都是冲齡踐祚，政治的實力，自然會落到太后宦官外戚的手裏去。西漢末年的政治也是這樣，所不同的是宦官失敗，外戚得勢，所以王莽便篡了漢。東漢末年是外戚失敗，宦官得勢，東漢就這麼亡了。當時的宦官如單超、侯覽、曹節、張讓諸人，都是位列公侯，手掌朝政。在宮庭裏諂媚愚蔽皇帝，殺害忠良；在外面是將自己的兄弟親戚佈滿州郡，同豪族土匪勾結，剝奪民財，劫奪婦女，窮凶極惡，無所不爲。靈帝更是昏亂，定出價格來，公開賣官鬻爵，呼宦官張讓趙忠爲父母，做出許多不能令人相信的事來。對於這種政治，有良心的讀書人，自然是不能滿意的。於是以三萬多大學生爲主體的學生運動，發生激昂的抗議了。這種抗議雖不是武力，但對於宦官政治是不利的。史書上說：『中外承風，競以臧否相尙，自公卿以下，畏其貶議，屣履到門。』這也可見當時輿論力量的大了。宦官們見了這種危機，若不先發制人，把這種力量銷滅，自己的地位如何能鞏固。桓帝延熹九年，靈帝建寧二年，兩次的黨禍，就接連地發生了。前前後後，把那些讀書青年及當代官吏的優秀份子，捕殺了九百多人，妻子親戚都流竄邊塞．如郭泰、袁閎、申屠蟠之流，住的住土穴，躲的躲樹洞．韜光遁世養性全眞很爲當時一般人所稱頌，都成爲高士傳中的高士了．這次的大屠殺，不僅封住了讀書人的口，連讀書人的心，都被摧殘得破碎了．於是一些讀書人，都不敢再談政治，只好走到閒談取樂遁世養生的路上去．到了魏晉篡奪繼起內禍頻作，讀書人死於刀下的不知道有多少．如孔融、楊修、丁儀、丁廙之死於魏，嵇康、張華、陸機、陸雲、潘岳之死於晉，這都是令讀書人寒心的事．這種悲慘的命運，對於讀書人心靈上的打擊，自然是重大的．難怪當代的名士，故意裝聾賣啞，寄情酒色，或談莊老，或隱田園的了．在世說新語內載着司馬徽的一段故事，很可以看出當代讀書人的作人態度．

『徽字德操，潁川陽翟人，有人倫鑒識，居荆州，知劉表性暗，必害善人，乃括囊不談議．時人有以人物問徽者，初不辨其高下，每輒言佳．其婦諫曰：人質所疑，君宜辨論，而一皆言佳，豈人所以咨君之意乎？徽曰：如君所言，亦復佳．其婉約遜遁如此．嘗有妄認徽猪者，便推與之，後得其猪，叩頭來還，徽又厚辭謝之．』（言語篇注引司馬徽別傳）

他這種不惹是非，見侮不辱的態度，正是老子一派的『其行身也，徐而不費，無爲也而笑巧．人皆求福，己獨曲全』的人生哲學．這種哲學，他的太太自然不會了解，所以那樣去質問他，他的回答，眞是絕妙．正如現在所流行的『今天天氣哈哈哈』了．王戎說與嵇康同處二十年，未嘗見其喜慍之色，這種修養功夫，算是到家了，然而嵇康還是送了命，可知在當日想保全一條性命，實在不是一件容易的事．

政治混亂，殺戮不止，讀書人士既沒有革命的武力，爲保全性命，自然會走到老莊的路上去．談玄說理，隱名避世是必然的趨勢．這種風氣，並不始自兩晉．從仲長統的樂志，徐幹的虛道，郭泰、袁閎、申屠蟠、司馬徽的避世，都早已走上這條路了，不過到了兩晉，這種風氣更流行而已．

黨錮之禍，表示讀書人的失敗．但是那些窮苦不堪的農民，並不因此停止對於政府的反抗，反之這些失敗逃亡的智識份子，加入他們的組織，使他們的勢力更形廣大起來．當時土地私有，貨幣貶值，物價昂貴，民不聊生．貴族富商，互相勾結，集中資本，剝削平民．加以天災不斷，戰禍頻繁．民衆的生活，是遷避、飢餓和死亡．死了的暴屍於曠野，活着的就人吃人．在這種社會生活破產的時代，農民暴動的事體，自然是止不住的．桓帝時候，史書上記載的農民暴動，不知道有多少，最著的有陳留李堅稱皇帝，太山、公孫擧寇靑、徐、兗三州，長沙、零陵、艾縣農民蠭起，殺官吏，燒官署．人少的幾千，多的幾萬，使得政府束手無策．到了靈帝時，各處的小勢力來了一個大連合，就是歷史上有名的號稱三十多萬的黃巾之亂．幾個領袖如張角兄弟，雖說不到一年都死亡了，但農民軍的力量，是有增無減，打了多少年，愈來愈多，結果還是曹操出來收編了事．收編的時候，還有戎卒三十餘萬，男女百餘萬．戎卒就是軍隊，男女是他們戰時虜掠的奴婢和依附他們的良民．

農民沒有知識，在那種痛苦時代，精神上找不着一點安慰，既不能讀老莊書，又無力量寄情酒色，自然容易走到宗教的路上去。於是張陵的五斗米道，張角的太平道，恰好適應了當代一般民衆的要求，成爲最流行的宗教了。十幾年間，徒衆可以到十幾萬，地方可以普遍到青、徐、幽、冀、荊、揚、兗、豫八州。由此可以知道當日民衆的精神是如何的苦悶，對於宗教的要求是多麽的迫切了。五斗米道太平道，在名義上雖是不同，我想他們在意識上是相同的。黃巾之亂一爆發，雙方的徒衆一定立刻混合起來合力反抗政府的事，這是無可疑的。後來因爲張角兄弟都死了，太平道承繼無人，於是張陵的後人出來，兼採衆說，增修補訂，太平道從此滅亡，五斗米道便永傳於世了。典略說：（三國志張魯傳注引）

『熹平中，妖賊大起，三輔有駱曜，東方有張角，漢中有張脩（裴松之疑張脩爲張衡）。駱曜教民緬匿法，角爲太平道，脩爲五斗米道。……脩法略與角同。……後角被誅，脩亦亡。及張魯在漢中，因其民信行脩業，遂增飾之。』

由這一段，我們可以知道在當日那種政治環境社會生活之下，民衆歡迎宗教情緒的熱烈，而各派的形式與教義，都是大同小異，結果是一統歸於五斗米道了。到了晉朝，這種宗教的流行，必定更行普遍。士大夫奉此道者，史不絕書。連嵇康葛洪王羲之那樣的人，或爲其信徒，或染其思想，其餘的更可不必說了。

大概社會動搖，農村破產，民衆無法解決其生死問題的時代，宗教最容易得勢。從黃巾亂起，到董卓之變，三國分爭，接着就是八王殘殺，五胡亂華。在這一個長期的紛亂中，大的屠殺饑餓天災和瘟疫，不知道死了多少人。

『桓帝永興元年，河水溢，百姓飢窮，流宂道路，至有數十萬戶，冀州尤甚。』（漢桓帝本紀）

『靈帝建寧三年，河內人婦食夫，夫食婦。』（漢靈帝本紀）

『袁紹在冀州時，滿市黃金，而無斗粟，餓者相食。』（述異記）

『漢末大飢，江淮間童謠云：「太岳如市，人死如林，持金易粟，貴如黃金。」又洛中童謠曰：「雖有千黃金，無如我斗粟，斗粟自可飽，千金何所值。」』（述異記）

『時三輔民尙數十萬戶，傕等放兵劫略，攻剽城邑，人民饑困，二年間，啖食略盡。』（魏志董卓傳）

『自京師遭董卓之亂，人民流移東出，多依彭城間，遇太祖至，坑殺男女數萬口於泗水，水爲不流。又攻夏丘諸縣，皆屠之，鷄犬亦盡，墟邑無復行人。』（魏志荀彧傳引曹瞞傳）

『永嘉之亂，洛中飢荒，懷帝遣人觀市，珠玉金銀，闐委市中，而無粟麥。』（述異記）

『晉惠帝永平七年，梁州疫，大旱，米斛萬錢，詔骨肉相賣者不禁。』（晉惠帝本紀）

『愍帝建興四年，京師飢甚，米斗金二兩，人相食，死者大半。』（晉愍帝本紀）

這種屠殺饑餓瘟疫的結果，漢桓帝永壽三年，中國人口是五千六百多萬，到晉武帝太康元年，減至一千六百多萬.相隔不到一百二十年,人口減少這許多,這數目眞是可驚.由此也可以看出在這一個時代中,社會的混亂動搖到了什麽程度,民衆的死亡到了什麽程度.經過了這個大變亂,智識階級的思想,起了激烈的變動,宗教勢力佈滿了民間,自是當然的事.一般讀書人的明哲保身隱名遁世,不一定是附庸風雅的名士氣,也不一定是貪生畏死的怯懦病態了.講繁文縟禮仁義道德的儒學的衰微,也是當然的事了.玄學淸談的興盛,老莊思想的流行,隱遁養生之說,佛道二教之學,支配當代的人心,無一不有其因果,無一不有其背景的.不用說,在檢討魏晉思想之前,先明瞭這些社會的環境,實是必要的了.

第二章　魏晉學術思想界的新傾向

一　浪漫主義與老莊復活

魏晉時代，無論在學術的研究上，文藝的創作上，人生的倫理道德上，有一個共同的特徵，那便是解放與自由．這種特徵，與其說是自然主義，不如說是浪漫主義．自然主義用之於當日的玄學，似乎很適宜，但還沒有如浪漫主義那樣能包括人類的全部活動全部表現．浪漫主義是以熱烈的懷疑與破壞精神，推倒一切前代的因襲制度傳統道德和縛住人心的僵化了的經典，用極解放自由的態度，發展自己的研究，尋找自己的歸宿，建設新的思想系統．因爲這樣，經學玄學文藝及宗教都得到自由的發展，比起前代那種死氣沉沉的空氣來，魏晉是呈現着活潑清新的現象的．

從建安到永嘉，這一百多年中，是中國政治動搖最利害的時代，也可以說是漢民族單獨發展的最後期．從此以後，東晉偏安江左，成爲中國古代文化中心的大江北部，爲外族所據，中原文物，摧殘殆盡．在這一時期內，前代學術道德的腐敗，都暴露出來，再不能維繫讀書人的信仰了．君主以篡奪殘殺相尚，仕宦以巧媚游說相欺．於是一般士大夫，都競尚虛無，談玄說理，探討人生之究竟；保性全眞，以求安身立命之道．有的嬉笑怒罵，行近顛狂．有的袒裼裸裎，違叛禮法．因此老莊周易之學，成爲當時讀書

界的經典了

『吳蒙入吳，吳主勸其學業，蒙乃博覽群籍，以易為宗，常在孫策座上酣醉，忽臥於夢，蒙誦周易一部，俄而起驚，衆人皆問之：蒙曰，向夢見伏犧文王周公與我論世祚興亡之事，日月貞明之道，莫不窮精極妙，未該玄旨，故空誦其文耳。衆座皆云呂蒙囈語通周易。』（述異記）

這個故事，很可以看出當時士大夫對於周易的愛好。白日作夢，還在讀它，可見他們專心於此，並不是出於遊戲態度。魏晉時代士大夫愛好老莊的，一定也愛周易。如王弼、向秀一面注老莊一面又注周易。魏晉有幾位皇帝，也很歡喜研究這本書。因為在儒家的經典內，只有周易稍稍帶一點神祕性，容易同老莊發生關係，因此便合了魏晉人的脾味。

至於老莊，可以說是魏晉人士的靈魂。我們看魏志和晉書，在社會上稍稍出色一點的人物，無不是精通老莊之學。時流學士，俱以談玄說道聞名於時。父兄之勸戒，師友之講求，莫不以推求老莊為第一事業。在世說新語內，可以看見許多有趣味的故事。魏晉人的讀老莊，正如漢人的讀五經。漢人通經致用，魏晉人也將道家的精神，應用到政治軍事人事各方面去。如魏文帝晉簡文帝之流，都仰慕道家的無為政治，劉劭的人物志，將這種精神，應用到選舉的標準上。『鍾會伐蜀，與王戎別，問計將安出，戎曰，道家有言，為而不恃，非成功難，保之難也。』由此可以知道他們臨行軍的時候，也是要記着道家的學說的.至於當日的人生觀,完全建立在老莊的基礎上.有時再混合一些列子、楊朱、陳仲子等人的思想,因此造成當時各種各樣的怪僻生活.

老莊哲學是亂世的產物.他們看破了人間的種種醜惡,對於現實的文物制度全不滿意,而理想着回到原始的無爭無慾的自然狀態去.他們在意識上雖是積極地反抗現實批判現實,但在行動上,却是消極地逃避現實.所以他們的學說,只能解救一個人的精神,對於社會政治的改革民生的救濟,却沒有好處.但是他們有很高的智慧,細密的體驗與觀察,了解天地萬物是自生自化,並無所謂造物之主,也沒有有意志的天帝.這樣子,天人感應陰陽五行的思想,不能存在,迷信也就站不住了.反對一切因襲的文物制度,於是在心靈或是行爲上,都可以得到自由了.魏晉的玄學,就是這種老莊思想的復活.宇宙論政治論人生論各方面,都是以老莊思想爲其根底,有的把它說得更透澈,有的加以補充,也有的加以修正的.總之,老莊書內的各種意見,到了魏晉是發揮得更圓滿更明顯了.向秀郭象是魏末晉初的人,他們注莊子的時候,據世說新語上說,當時注莊子的已經有幾十家,再經過兩晉,自然更多了.到了東晉已有人用佛經解釋莊子.那些注本自然是雷同的多,所以容易消滅,但是現在保存在隋書經籍志內面關於老莊注本的目錄,那數目還是可驚.

魏晉雖是一個自由研究學術的時代,可惜他們的著作,喪失的多,流傳後世的少.我們研究的時候，很感着困難，只好根據當時人的注書，和年代稍後各書所引用的文字來作研究的材料，不用說這些材料是極其貧弱的，然而我們除了依着這些材料推論他們的思想以外，再沒有辦法。

二　經學玄學化

建安以後，儒學的權威雖是倒了，但是那些玄學家們並沒有輕視孔子，對於經學也還沒有完全放棄。他們努力把老莊的學說，灌到經學內去，把儒道二家的思想，加以溝通和調和。何劭的王弼傳中敍裴徽與王弼的問答說：

『徽問弼曰：夫無者誠萬物之所資也，然聖人莫肯致言，而老子申之無已者何？弼曰：聖人體無，無又不可以訓，故不說也。老子是有者也，故恆言無所不足。』（魏志鍾會傳注引）

世說新語的文學篇內，有同樣的一段故事，說得較爲清楚。

『王輔嗣弱冠詣裴徽，徽問曰：夫無者誠萬物之所資，聖人莫肯致言，而老子申之無已，何耶？弼曰：聖人體無，無又不可以訓，故言必及有。老莊未免於有，恆訓其所不足。』

由這一段話，我們可以看出當日人士對於這問題的苦悶，同時孔子在他們的腦中，還樹立着聖人的權威。老莊大概是今日的馬克斯列寧之流，作文談話，非此不可。一個講無，一個講有，這是怎麽的呢?因此王弼採起調和的論調,說孔老二家,都知道『無』爲萬物之所資,一個說出一個不說出而已.表面是調和,實際是老子勝利的.

何晏的態度也是如此.世說新語文學篇引文章敍錄云:

『自儒者論以老子非聖人絕禮棄學,晏說與聖人同,著論行於世也.』

他著的論就是道德論.他原來本要注老子的,後來看見王弼注的老子太精了,知道勝不過他便把自己的意見整理起來,成爲道德論.可惜這些文章喪失了,(在張湛的列子注內保存了一點點.)我們無從知其底細.他的主旨我們可以推測他是調和孔老之學,把絕禮棄學的老子,說得同孔子一樣,給當日懷疑苦悶的青年一個解答.孔子是聖人早已不成問題,老子與聖人同,老子自然也變成聖人了.玄學家的工作,第一步是調和孔老,提高老子的地位,與孔子平等.到了後來,老莊的地位鞏固了,再來把孔子一脚踢倒.孔子踢倒的時候,也就是經學最衰微,禮法破壞最厲害,道學最風靡天下的時候.

他們要調和儒道,最重要的工作,是把道家的學說灌到經學裏去.論語與周易是儒家哲學的兩大基礎,於是他們就從此下手.何晏有論語集解,王弼有論語釋疑.論語集解雖是編集漢代儒家的意見,但何晏用道家的學說去解釋的時候也是有的.如『回也其庶乎屢空.』他注說:

『一曰，屢猶每也，空猶虛中也。以聖人之善道，敎數子之庶幾，猶不至於知道者，各內有此害也。其於庶幾每能虛中者，惟回懷道深遠。不虛心，不能知道。子貢無數子病，然亦不知道者，雖不窮理而幸中，雖非天命而偶富，亦所以不虛心也。』（皇侃論語義疏）

王弼的論語釋疑雖是失傳了，偶然見引於皇侃的論語義疏及邢昺的論語正義。他釋「志於道」說：『道者無之稱也，無不通也，無不由也。況之曰道，寂然無體，不可爲象。是道不可體，但志慕而已。』何晏王弼開了這風氣，許多人都跟着這路走。如以注莊子出名的郭象，談佛談道的孫綽，都做過解釋論語的這種工作。郭象撰有論語體略二卷，論語隱一卷。他在『顏淵死，子哭之慟』下面注云：

『人哭亦哭，人慟亦慟，蓋無情者與物化也。』

又在『修己以安百姓，堯舜其猶病諸』下面注云：

『百姓百品，萬國殊風。以不治治之，乃得其極。若欲修己以治之，雖堯舜必病，況君子乎？今見堯舜非修之也。萬物自無爲而治，若天之自高，地之自厚，日月之明，雲行雨施而已。』

這完全曲解了儒家的意見，而強迫加以道家化了的。所謂無爲而治，正是道家的政治哲學。修己以治是有爲，以不治治之乃是無爲。再如嵇康的周易言不盡意論，鍾會的周易盡神論，阮籍的通易論，或是詮釋，或是研究，而無不是以道家思想爲其主論的基礎。

在這方面的成績，王弼要比何晏大。他的注易工作，使他在當時的學術界上，建立了一個新系統，對於後代的學術界發生了極大的影響。他的偉大處，是能夠用平實的道家義理，去說明周易的原理作用與變化，推倒在漢代流行的陰陽五行災異禨祥的邪說。他大膽地把神鬼的面具剝開，將周易的眞面目從迷信內救出來，使它成爲一本哲理書，不要使它永遠成爲方士們的經典。他在周易略例中，很明白地表現了他的意見。明象說：

『夫彖者何也？統論一卦之體，明其所由之主者也。夫衆不能治衆，治衆者至寡者也。夫動不能制動，制天下之動者，貞夫一者也。故衆之所以得咸存者，主必致一也。動之所以得咸運者，原必無二也。物無妄然，必由其理。』

他講的因靜制動，因寡制衆，就是老子所講的『無爲而民自化，好靜而民自正，』『萬物得一以生，王侯得一以爲天下貞』的道理。『物無妄然，必有其理，』這理便是老子所講的道與自然。

他在明彖內又說：

『繁而不憂亂，變而不憂惑，約以存博，簡以濟衆，其唯彖乎？亂而不能惑，變而不能渝，非天下之至賾，其孰能與於此乎？故觀彖以斯義可見矣。』

他告訴我們，萬物雖是變化繁複無端，但並不亂，並不惑。我們只要用簡約之法，便可以存博濟衆了。他說的易，便是這種以簡御繁以靜制動的道理。他在明爻通變篇內又說：

『夫爻者何也？言夫變者也．變者何也？情僞之所爲也．夫情僞之動，非數之所求也．故合散屈伸，與體相乖．形躁好靜，質柔愛剛，體與情反，質與願違．……故苟識其情，不憂乖遠，苟明其趣，不煩強武，能說諸心，能研諸慮，睽而知其類，異而知其通，其唯明爻者乎．』

爻之變化，是情僞之所爲，並無神鬼的意味．我們只要能達情僞通變化，便可應動靜，觀吉凶了．他在明象一篇內，說得更明顯．易內的象，就是種種不同的現象．在這些不同的現象中，暗示給我們不同的意義．你可以觸象生情，我可以見象生意．『言生於象，故可尋言以觀象；象生於意，故可尋象以觀意．』象是活動的，人也是活動的．有了現象，就有意義，有了意義，便可用它解剖疑難，決定吉凶．如果死守着一定的現象，規定着一定的意義，如何能達情通變呢？故他說：『立象以盡意，而象可忘也．重畫以盡情，而畫可忘也．是故觸類可爲其象，合義可爲其徵．義苟在健，何必馬乎？類苟在順，何必牛乎？爻苟合順，何必坤乃爲牛？義苟應健，何必乾乃爲馬？而或者定馬於乾，案文責卦，有馬無乾，則僞說滋蔓，難可紀矣．互體不足，遂及卦變．變又不足，推致五行．一失其原，巧彌愈甚．縱或復値，而義無所取．蓋存象忘意之由也．』他這種大膽的革命態度，是極可佩服的．漢儒說易的大毛病，就是存象忘意．死守着一定的現象，生吞活剝地把災異禨祥之說湊進去，自然是僞說滋漫，巧彌愈甚了．他的好處，是能因象會意，達情通變．由象數易變爲義理易，使僵死的易變成有生命的易了．於是周易在中國的學術界上，成立了一個新系統.如宋儒張載、蘇東坡、伊川程子之流的說易,都是受他的影響的。

繼續着王弼的注易工作的,是東晉的韓康伯.他是簡文帝門下的談客,精通老莊周易之學.經上經下是王弼注的,繫辭和說卦是韓康伯注的.在繫辭注內,韓康伯更充分地發揮了老莊的學說.可以說周易到了他的手裏,完全老莊化了.

『一陰一陽之爲道,』他注云:

『道者何?無之稱也.無不通也,無不由也.況之曰道,寂然無體,不可爲象.必有之用極,而無之功顯.』

又『仁者見之謂之仁,知者見之謂之知,』韓注云:

『仁者資道以見其仁,知者資道以見其知,各盡其分.』

又『百姓日用而不知,故君子之道鮮矣.』韓注云:

『君子體道以爲用也.仁知則滯於所見,百姓則日用而不知.體斯道者,不亦鮮矣.故常無欲以觀其妙,始可以語至而言極也.』

又『陰陽不測之謂神,』韓注云:

『原夫兩儀之造,萬物之動,豈有使之然哉.莫不獨化於大虛,欻爾而自造矣.造之非我,理自玄應;化之無主,數自冥運,故不知所以然.……』

這裏所講的『無』『道』『自生自化，』都是道家的學說。漢儒所講的象數禨祥，到這時候是一點影子也沒有了。這對於漢儒的經學是一種偉大的革命。這種革命在保守漢儒殘壘的晉代儒家，看了是不滿意的，如范寧的惡罵，顧夸的周易難王輔嗣義一卷，我們到現在還可看到一點。就是那位名理派的清談家孫盛，對於王弼的易注也表示了不滿意的論見。他說：

『易之爲書，窮神知化，非天下之至精，其孰能與於此。世之注解，殆皆妄也。況弼以附會之辨，而欲籠統玄旨者乎？故其敍浮義，則麗辭溢目，造陰陽，則妙賾無間，至於六爻變化，羣象所效，日時歲月，五氣相推，弼皆擯落，多所不關。雖有可觀者焉，恐將泥乎大道。』（魏志鍾會傳注引何劭王弼傳）。

孫盛說他麗辭溢目，並非實語，擯落陰陽五行災異之說，却是實情。然而我們覺得他的注易的好處，他的注易的價值，就在這一點。孫盛是東晉名理派的清談大家，他雖是精通老學，對於道家的思想，並不贊成。本來在魏晉的清談界，玄論名理二派的思想行爲，以及談論的內容，一向就站在對立的地位。孫盛對於王弼的易注發出那樣的批評，並不爲奇。關於這一點，我將在魏晉的清談那一章裏較爲祥細地敍述。

王何之流，雖說在晉朝就被人痛罵，甚至說晉朝的亡國，也要他們擔負責任，其實這是寃枉的。如何亡國，只要看看晉書，便可略明大概。章太炎說：『五朝所以不競，由任世貴，又以言貌舉人，不在玄學』(五朝學)這話是對的.玄學與淸談,其發展自然互有影響互有因果,究竟不能把它看作一件事體.至於時流的狂放浪漫荒誤政事任世貴務荒淫,這更不能一概包到玄學裏去要玄學家負責任.我們平心而論王何在魏晉的學術界是有思想的頭等人物,以革命的態度把前代腐化了的經學轉變了一個新方向.

四庫提要周易註下說:

『闡明義理使易不雜於術數者,弼與康伯深爲有功.祖尙虛無使易竟入於老莊者,弼與康伯亦不能無過.瑕瑜不掩,是其定評.諸儒偏好偏惡,皆門戶之見不足據也.』

這話說得比較公平.然而我們也不能完全承認用老莊學說解易,這並不是過,只可以說是一種進步,一種思想的自由.錢大昕在何晏論中說:『若輔嗣之易,平叔之論語,當時重之,更數千載不廢.……魏晉說經之家未能或之先也.』又朱彝尊說:『「孔穎達有言,傳易者更相祖述,惟魏晉王輔嗣之注,獨冠古今.」漢儒言易,流入陰陽災易之說,弼始暢以義理.』(王弼論)這兩家的批評,完全從學術思想上立論,總算是最平允的了.

三　佛學的發展

佛教傳入中國，前史多記載始自東漢明帝．但細細推察佛教傳入的時代，應該還要早一點．明帝永平八年，答楚王英的詔中說『楚王英尙黃老之微言，尙浮屠之仁祠．潔齋三月，與神爲誓何嫌何疑當有悔吝，其還贖以助伊蒲塞桑門之盛饌．』（後漢書本傳）由楚王英的祀浮屠與明帝詔中所引用的佛語看來，那麼佛教的傳入中國，必在明帝以前，否則不能這麼快地就能得到王公貴族的信仰，教典中的術語，也不能很快地引用到政府的文書內去．因爲這一點，我們覺得西漢哀帝時代大月氏使臣伊存授浮圖經的事，是較爲可靠的．此事初見於魚豢的魏略西戎傳．

『罽賓國，大夏國，高附國，天竺國，皆幷屬大月氏．臨兒國浮屠經云其國王生浮屠，浮屠太子也．父曰屑頭邪，母曰莫邪．浮屠身服色黃，髮青如青絲，乳青毛，蛉赤如銅．始莫邪夢白象而孕，及生從母左脇出，生而有結，墮地能行七步．此國在天竺城中．天竺又有神人名沙津．昔漢哀帝元壽元年，博士弟子景盧受大月氏王使伊存口授浮屠經，曰復立者其人也．浮屠所載臨蒲塞、桑門、伯聞、疏問、白疏、閒、比丘、晨門，皆弟子號也．浮屠所載，與中國老子經相出入．』（三國志裴松之注引）

除魏略外，其他如世說新語注，魏書釋老志，隋志，太平御覽夷部，都載有這件事．內容雖偶有不同，而其時代則都一致．哀帝元壽元年，正當西曆紀元前二年，那麼佛教傳入中國，是在西漢末葉．從這時候到楚王英祀佛，已是六十幾年以後的事，在佛教的發展史上看起來，這是很可能的了．

明帝以後,佛教漸漸流佈,研究的信奉的也漸漸多起來了.到了桓帝,在宮中正式設立黃老浮屠之祠.後漢書本紀論說『飾芳林而考濯龍之宮,設華蓋以祠浮圖老子.』西域傳論佛教也說:『楚英始盛齋戒之祀,桓帝又修華蓋之飾.』皇帝信佛,臣僚士子都會跟着走上那條路的,如襄楷一面研究道家書,一面研究佛理.後漢書西域傳也說:桓帝並祀佛老,百姓稍有奉者,後遂轉盛』適應着這種環境,於是譯經的事業興盛起來了.初期翻譯經典的如支讖安清之流,都是桓帝時代的人.

佛法初來中國,多係口傳,國人尙難解其眞義.於是與當日流行的道教,彼此混雜,互相推演.當時信教者與傳教者,都未能將佛道二教分辨清楚,多視爲出自一門.楚王英漢桓帝的並祀佛老,襄楷的兼讀佛道家書,都可看出佛教傳入中國的初期,與道教結合,幾乎成爲一體.因爲當日那些託名黃老的方術道士,除講服食導養丹鼎符籙之術以外,也講神鬼報應祠祀之方.而佛徒最重要的信條爲神靈不滅輪迴報應之說,又奉行齋戒祭祀.故雙方容易調和結合,而成爲一種佛道不分的綜合形式.袁宏後漢記說:

『以爲人死精神不滅,隨復受形,生時所形善惡,皆有報應.故所貴行善修道,以鍊精神而不已,以至無爲而得爲佛也.……然歸於玄微深遠,難得而測.故王公大人觀生死報應之際,莫不矍然自失』

佛徒所講的這些教義,極容易被道士們附會利用.桓帝延熹八年,襄楷上疏說:『又聞宮中立黃老浮屠之祠，此道清虛，貴尚無爲，好生惡殺，省慾去奢。今陛下嗜慾不去，殺罰過理，既乖其道，豈獲其祚哉？』可知當日人們的心目中，把黃老浮屠看作是一種相同的道術了。湯用彤說：『佛教自西漢來華以後，經譯未廣，取法祠祀，其教旨清淨無爲，省慾去奢，已與漢代黃老之學同氣，而浮屠作齋戒祭祀，方士亦有祠祀之方。佛言精靈不滅，道求神仙卻死，相得益彰，轉相資益。』（漢魏兩晉南北朝佛教史第四章）他這種意見，是極其正確的。由此我們也可知道佛教傳入中國初期的情形了。

漢代末年有支讖、安清、安玄、竺佛朔、康孟祥、竺大力諸人的譯經，有牟子的討論佛義的理惑論，於是佛教本身的意義漸漸顯明，從方術道士的手下，解放出來而入於自立之途了。由當日笮融大造浮屠之祠，並沒有如楚王英漢桓帝那樣兼祀黃老的事看來，這趨勢是很顯明的了。漢代祀黃老本與陰陽道術揉雜不分，到了魏晉，老莊的哲學獨立發展起來，與道教徒假託的黃老分道而馳，一爲民間信仰的宗教，一爲魏晉時代學術思想界的正統了。在這種變化時期，佛學也脫離道士的附庸，而與老莊的玄學相輔而行，大爲清談之士所愛好。於是佛學的發展，又進於一個新的階段了。

三國兩晉，是政治長在動搖人民生活最痛苦的時代，也就是最適合於宗教發展的時代。遁世超俗之風日盛，出家爲僧的人也就多起來了。這三百年來的佛經翻譯，雖不能同後代比美，但支讖、安清、維祇難、竺律炎、竺法護、僧伽跋澄、曇摩難提、竺佛念諸人，都有很好的成績。如釋道安、支道林、竺法深、釋慧遠之流，都是當日最有名望的高僧．他們不僅宣揚佛理，並且精通中國的哲學，所以爲時流所敬重．佛徒在漢末三國時代在讀書界並沒有地位，到了西晉，漸露頭角，阮瞻、庾敳與沙門孝龍爲友，桓穎與竺法深結交，開了名士僧人交遊的風氣．到了東晉，這風氣日盛，僧人加入清談，士子研究佛理．我們只要看一看簡文帝門下出入的僧人無不是談客，那些名士式的談客無不同佛徒往來的事，就可知道那時的情形了．

『殷中軍被廢徙東陽，大讀佛經，皆精解，唯至事數處不解，遇見一道人，問所籤，便釋然．』（世說新語文學篇）

『殷中軍讀小品，下二百籤，皆是精微世之幽滯．嘗欲與支道林辯之，竟不得，今小品猶存．』（同上）

『三乘佛家滯義，支道林分判，使三乘炳然．諸人在下坐聽，皆云可通．支下坐，自共說，正當得兩，入三便亂．今義弟子雖傳，猶不盡得．』（同上）

『支道林許掾（許詢）諸人共在會稽王齋頭，支爲法師，許爲都講．（時講維摩詰經）支通一義，四坐莫不厭心，許送一難，衆人莫不忭舞．但共嗟詠二家之美，不辨其理之所在．』（同上）

由這些記載看來，當時讀書界研究佛學的風氣是非常流行的．即是佛理深微，一時不易瞭解，坐在講臺下面，仍是聽得津津有味．如殷浩是當日一個精研佛典的有名之士，他有所不懂，還要去請教道人．這一面證明佛理的玄妙，一面證明當時學者研究佛學的認眞．再如孫綽論報應有徵，調和釋孔的喻道論，郄超論佛法內容的奉法要，（俱見弘明集，）都是東晉名士的研究佛學的著作．在這種情形之下，佛學除了那種宗教的力量以外，又給予中國哲學界一種思想上的影響了．

在當日清談界的佛徒裏名望最大的是支道林．一時名流如謝安、王羲之、殷浩、劉惔、孫綽、許詢、王洽、王濛、王脩、謝朗、袁弘諸人，都同他交遊，來往密切．對他的學問言辭，無不是一致推重．王濛說他『尋微之功，不減王弼．』郄超說他：『林法師神理所通，玄拔獨悟，數百年來，紹明大法，令眞理不絕，一人而已．』（與親友書）在這些言語裏，可想見林公在當日名士間的地位了．

支道林的受時流推重，並不是因爲當日佛法興隆之故．最重要的原因，是他精通佛理，又善老莊，能夠將佛道二家之學調和發揮，益見精采，加以他精談善論，故清談名士，都樂與往還．他後來因爲得了那領袖羣流的地位，對於佛法的傳佈，自然是得了許多便利的．使佛理同中國的哲學發生關係，支道林是極重要的一個人．

『莊子逍遙篇，舊是難處，諸名賢所可鑽味，而不能拔理於郭向之外．支道林在白馬寺中，將馮太常共語，因及逍遙，支卓然標新理於二家之表，空異義於衆賢之外，皆是諸名賢尋味之所不得，後遂用支理．』（世說新語文學篇）

『王逸少作會稽，初至，支道林在焉．孫興公問王曰：支道林拔新領異，胸懷所及，乃自佳，卿欲見不？王本自有一往雋氣，殊自輕之．後孫與支共載往王許，王都領域，不與交言．須臾支退，後正值王當行，車已在門，支語王曰，君未可

去，貧道與君小語，因論莊子逍遙遊，支作數千言，才藻新奇，花爛映發，王遂披襟解帶，留連不能已。』（同上）

可知支道林對於莊子特別有研究。世說新語文學篇注引其逍遙論曰：

『夫逍遙者明至人之心也。莊生建言大道，而寄指鵬鷃。鵬以營生之路曠，故失適於體外。鷃以在近而笑遠，有矜伐於心內。至人乘天正而高興，遊無窮於放浪，物物而不物於物，則遙然不我得，玄感不爲，不疾而速，則逍然靡不適。此所以爲逍遙也。若夫有欲當其所足，足於所足，快然有似天眞，猶飢者一飽，渴者一盈，豈忘蒸嘗於糗糧，絕觴爵於醪醴哉。苟非至足，豈所以逍遙乎！』

他在這裏用佛家所講的空觀，來釋明逍遙的眞意義。空觀的境界，便是物物而不物於物的境界。達到了這種境界，才是眞正的逍遙。若有所待，有所憑藉，只是飢者一飽，渴者一盈的暫時滿足，並不能達到眞正逍遙的地步。世說新語文學篇又說他通漁父一篇，才藻俊拔，那一定也是用佛理來解釋的，可惜那妙論不傳了。

同時，支道林又用老莊之學去解釋佛理。他在大小品對比要鈔序中說：

『夫般若波羅密者，衆妙之淵府，羣智之玄宗，神王之所由，如來之照功。其爲經也，至無空豁，廓然無物者也。無物於物，故能齊於物。無智於智，故能運於智。……般若之智，生乎教迹之名。是故言之則名生，設教則智存。智存於物，實無迹也。名生於彼，理無言也。何則？至理冥壑，歸乎無名。無名無始，道之體也。無可不可者，聖之慎也。苟慎理以應動，則不得不寄言．宜明所以寄，宜暢所以言．理冥則言廢，忘覺則智全．若存無以求寂，希智以忘心，智不足以盡無，寂不足以冥神．何則，蓋有存於所存，有無於所無．存乎存者，非其存也．希乎無者，非其無也．何則？徒知無之為無，莫知所以無．知存之為存，莫知所以存．希無以忘無，故非無之所無，寄存以忘存，故非存之所存．莫若無其所以無，忘其所以存．忘其所以存，則無存於所存，遺其所以無，則忘無於所無．忘無故妙存，妙存故盡無．盡無則忘玄，忘玄故無心．然後二迹無寄，無有冥盡．是以諸佛因般若之無始，明萬物之自然．衆生之喪道，溺精神乎欲淵．悟羣俗以妙道，漸積損以至無．設玄德以廣敎，守谷神以存虛．齊衆首於玄同，還羣靈乎本無．』

他這裏所講的本旨還是一個『無』，不過比老莊所講的較為深微玄妙一點而已．那內面所用的『齊物』『無名』『谷神』『道體』等等名詞，全是老莊書裏用濫了的．在這種地方，我們可以看出他這種解釋，使一般人容易了解佛理．其次他是把中國的哲學容納到外來的思想裏去，使他們混合調和而易於流佈．如釋慧遠引莊子以講實相義，竺法雅康法朗的創格義，釋道安用三玄比附佛學，都是有這種意義的．

在超現實的那一點上，佛道二家思想的根底，是有些相同的．所以當日的名士沙門，都是討論空無的眞義而能彼此契合，互相發明．我們看看釋道安、竺法深、竺法汰、支道林、釋慧遠所講的本無，其出發點與老莊學派所講的並無二致．

『釋道安明本無義謂無在萬化之前，空爲衆形之始．』（中論疏記引）

『法深法師云本無者未有色法，先有於無，故從無出有，卽無在有先有在無後，故稱本無．』（同上）

『廬山遠法師本無義云，因緣之所有者，本無之所無，本無之所無者，謂之本無．』（慧達肇論疏）

『竺法汰與郗超論本無義，皆行於世．』（高僧傳）

這幾位名僧，都在探討本無之義，正與老莊學派取一致的步調．所謂『無在萬化之前，』『從無出有，』正是老子所說的『天地萬物生於有，有生於無』的意思．本無，卽是以無爲本，也就是道家所講的宇宙的本體．由此觀之，佛學自西漢末年傳入中國，經過漢末魏晉長期間經典的翻譯，名僧的研討，到東晉時候，在中國的學術界發生顯著的影響了．東漢時代佛教只是方術道士的附庸，到這時候沙門得與名士同遊，哲理得與老莊互證了．彼此調和，彼此推演的結果，無論在思想上，藝術上，都漸漸地染了佛學的色彩了．

四　懷疑精神與辯論風氣

儒家獨尊的權威崩潰了，諸子百家之學就興盛起來．任你什麼學說，什麼思想，可以自由地表現．在這種空氣裏，學術界產生了懷疑的精神，辯論的風氣．這種精神與風氣，對於學術思想，都是極有利的，在前代學術統制的局面下，缺少這種風氣，於是學術界就現出僵化的現象來．

曹髦雖是皇帝做得不久，死得那麼慘，但他却是一個有思想的讀書人，有極豐富極大膽的懷疑精神．魏志本紀說：『帝幸太學，問諸儒曰：「孔子作彖象，鄭玄作注，雖聖人不同，其所釋經義一也．今彖象不與經文相連，而注連之，何也？」庾俊對曰：「鄭玄合彖象於經者，欲使學者尋省易了也．」帝曰：「若鄭玄合之，於學誠便，則孔子曷爲不合，以了學者乎？」俊對曰：「孔子恐其與文王相亂，是以不合，此聖人以不合爲謙．」帝曰：「若聖人以不合爲謙，則鄭玄何獨不謙耶？」俊對曰：「古義弘深，聖問奧遠，非臣所能詳盡．」』這雖是一件小事，很可表現當時人已經把孔子的地位降低了，孔子雖稱聖人，也不過和鄭玄之流相等，這種問題，在漢代儒家獨尊的時代，是決不會有的．

再本紀又說：『講易畢，復命講尚書，帝問曰：「鄭云稽古同天，言堯同於天也．王肅云，堯順考古道而行之．二義不同，何者爲是？」博士庾俊對曰：「先儒所執，各有乖異，臣不足以定之．然洪範稱三人占從二人之言，賈馬及肅皆以爲順考古道，以洪範言之，肅義爲長．」帝曰：「仲尼言，唯天唯大，唯堯則之．堯之大美，在乎則天，順考古道，非其至也．」俊對曰：「臣奉遵師說，未喻大義．」』庾俊實在是太可憐了．像他這種服從多數奉遵師說的態度，如何能滿足像曹髦那樣有思想的青年．在這裏一面表示曹髦讀書的用心，肯懷疑，肯發問．一面又可以看出他對於那些亂七八糟的經解很不滿意．

又本紀說『帝又問曰「夫大人者，與天地合其德，與日月合其明，思無不周，明無不照.今王肅云:堯意不能明鯀，是以試用.如此，聖人之明有所未盡耶?……若堯疑鯀，試之九年，官人失敍，何得謂之聖哲?……當堯之時，洪水爲害，四凶在朝，宜速登賢聖.舜年在既立，而久不進用，何也?又時忠臣亦不進達，乃使嶽揚仄陋而後薦舉，非急於用聖恤民之謂也.」峻對曰「非臣愚見所能逮及.」』庾峻的回答雖是簡單明瞭，却非常可笑.平日儒家把三皇五帝的功德說得天花亂墜，現在到了曹髦的腦裏，一切的權威和偶像都崩潰得粉碎了.不僅把孔子的聖人地位降了級，就是堯帝那麽大的權威也被他批評得一錢不値了.對於古代的信仰，起了激烈的懷疑，崇拜偶像的宗教情緒也冷淡了.於是只好在現實的世界來建立自己的新生，創立自己的信仰，尋找生活的趣味與歸宿了.在當日的學術界，像曹髦這樣懷疑精神的青年，當然是很普遍的.因懷疑而發出疑問，因疑問而發生辯論，因辯論而有眞理，這是學術思想界進步的現象.這現象是學術文化統制時代所沒有的.

其次如『無』與『有』『無爲』與『有爲』，儒道的同異，孔釋的同異，老子是不是大聖，養生有不有效果，宇宙的本體是什麽，人生的意義是什麽，這些問題，在當日學術界都是使青年們懷疑而苦悶着的問題.正如今日的唯物唯心觀念論辯證法之類相像.懷疑的提出來，有的口辯，有的著書，你辯我駁，學術界因此便有了生氣.何晏主張聖人的情感是靜止的，無所謂喜怒哀樂，受了外物的刺激，而沒有反應．當時一般名士如鍾會之流，都贊成這種意見，王弼却不同意，他提出了反對的論調，說聖人的情感與凡人相同，所異者是應物而無累於物．這兩派意見的辯論，結果似乎是王弼得了勝利．

王弼用老學注周易，這是一個學術界論戰的好題目．反對的贊成的，或以文駁，或以口辯，鬧到東晉末年，還沒有鬧清楚．在晉書紀瞻傳內也有一段討論周易的故事，很可看出當日學術界辯論的風氣．

『瞻與顧榮同赴洛，在塗共論易太極．榮曰：「太極者蓋謂混沌之時，曚昧未分．日月含其輝，八卦隱其神，天地混其體，聖人藏其身．然後廓然既變，清濁乃陳．二儀著象，陰陽交泰，萬物始萌，六合闡拓．老子云：有物混成，先天地生．誠易之太極也．而王氏云太極天地，愚謂未當．夫兩儀之謂，以體爲稱，則是天地；以氣爲名，則名陰陽．今若謂太極爲天地，則是天地自生，無生天地者也．」瞻曰：「夫天淸地平，兩儀交泰，四時推移，日月輝其間．自然之數，雖經諸聖，孰知其始．吾子云，曚昧未分，豈其然乎．聖人人也，安得混沌之初，能藏其身於未分之內．老氏先天之言，此蓋虛誕之說，非易者之意也．……王氏指向，可謂近之．古人舉至極以爲驗，謂二儀生於此，非復謂有父母．若必有父母，非天地其孰在．」榮遂止．』顧榮的意思，說王弼注易，還沒有把老子的「有物混成先天地生」的學說全部放進去，對於他那種調和與妥協的態度表示不滿意．紀瞻却以父母之說把他說服了．這裏暫不論其是非，本來這是非也就無從斷定。但是他們在旅行的途中，就討論這種學術問題，說得津津有味，由此可知當日討論學術的空氣是很濃厚的了。

其次，在嵇康的集子裏，我們更可以看出這種風氣。他先有養生論，向子期就作難養生論來駁他，他又作答難養生論一篇去反駁。張遼叔有自然好學論，嵇康不贊成，作難自然好學論。時人有宅無吉凶論，嵇康作難宅無吉凶論。那邊又來一篇釋難宅無吉凶論，嵇康再作一篇答釋難宅無吉凶論回答過去。他們的是非和內容，我們暫不必提，但是他們來來往往的辯論，那態度非常平和，措辭非常客氣，沒有一點謾罵的習氣。比起我們今日的文學哲學論戰來，那態度眞是要高明多了。他們雙方都是謙虛地發表意見，想求得一個眞理，彼此絕對不現出一點橫暴。這種空氣，是魏晉學術界極可寶貴的精神。

當日的清談集會，也是討論學術最好的機會。那情形同我們今日的文藝茶話筆會有點相似。不過人數稍稍少點而已。其興趣的濃厚，辯論的熱烈，我們只要看看世說新語，就可略明大概。如荀粲傅嘏的論玄理，王衍裴頠的論有無，阮瞻的論鬼，樂廣的論夢，王導的論三理，孫盛殷浩的論易象，都是有名的論辯。到了東晉中葉，佛學也加入了他們的範圍，於是他們清談的材料，更是豐富了。

總而言之，魏晉的學術思想，是漢代經學的反動，是紊亂時代的反映，是老莊哲學的復活，他們研究學問的態度，是懷疑的解放的。他們的人生是浪漫的放任的。這一種精神，我們可以稱爲浪漫主義的精神。

第三章　魏晉時代的宇宙學說

一　老子的宇宙論

哲學家最先要解決的問題，便是宇宙．因爲宇宙是一切事物的根源．這個根源不解決，一切事物都無從說明．然而世上最困難的事，莫過於這個問題．就是歐洲的哲學家，對於這問題也是同樣地感着困難．中國古代的思想家知道這困難，常是故意避開專論人事．就偶爾談到，其觀念非常幼穉，多涉神怪．因爲用神怪來說明宇宙是容易而又簡明，在古代人民的頭腦裏，也容易得到人們的信仰．老子却不然，他用他的智慧與思考，將宇宙的各種問題，構成一個有條理而又合乎人情的哲學系統．在這個系統裏，沒有鬼神，沒有迷信，成爲中國古代哲學中宇宙論的正統．易傳內所講的太極兩儀，是由這個系統來的，魏晉人的宇宙學說，也是由這個系統來的．老子的宇宙論，可以分成好幾點：一、宇宙的本體是什麼？二、天地萬物是如何生成的？三、天地萬物的本性是什麼？四、由他的宇宙論推演出來的天道觀念．

因爲魏晉人的宇宙學說，是沿着老子的思想，我們得先把老子的思想簡單地說明一下．

宇宙的本體是什麼？老子說是「道，」是「無．」他說：

『天下萬物生於有，有生於無。』

『有物混成，先天地生。寂兮寥兮，獨立而不改，周行而不殆，可以爲天下母。吾不知其名，字之曰道。』

道是什麽樣子呢？是如何構成的呢？他解釋說：

『視之不見名曰夷，聽之不聞名曰希，搏之不得名曰微。此三者不可致詰，故混而爲一。其上不皦，其下不昧，繩繩不可名，復歸於無物。是謂無狀之狀，無物之象，是謂惚恍。』他又說：

『道之爲物，惟恍惟惚。惚兮恍兮，其中有象。恍兮惚兮，其中有物。』

這些話看去似乎有些神祕，但老子的意思却很明顯。他承認道是宇宙的本體，所以它先天地而生。道是「夷」「希」「微」這些原素構成的。正如歐美人所說的原子電子一樣。這些東西看不見聽不到觸不着，是無狀之狀，無物之象，所以名之爲惚恍，或是混成。雖是耳目不能見聞，雖是惚兮恍兮，但內面還是有象有物，這就是道，就是宇宙的本體。到了易傳，這本體名爲太極。淮南子的天文訓篇，又名爲「大昭」，意義都是相同的。

天地萬物是如何生成的呢？我們有了宇宙的本體，這生成就容易了。他說：

『道生一，一生二，二生三，三生萬物。』

他說的道是先天地而生的惚恍狀態，是人類感覺器官不能體會的宇宙本體。由這種混沌的宇宙本體，最初形成最簡單的單元「一，」由一變成「二，」由二元的推動調和而變爲「三，」中「三」而產生萬物．這是說明天地萬物的生成，是由於因靜生動因簡至繁的變化．這種變化是自然的，不是神意主使的．易傳中說的「易有太極，是生兩儀兩儀生四象，四象生八卦．」正和這意思一樣．到了淮南子的天文訓篇，說明宇宙的生成，主體和這相同，不過說得較爲精密詳盡．可知道家的知識，到了漢朝是較爲進步了．

有了天地，有了萬物，這些東西的本性是什麼呢？老子承認萬物都出於道，道的本性是自然，萬物的本性也就是自然．天地萬物雖是繁複無涯變化無端，但在渺茫惚恍之中，有一個自然的法則．天地萬物都得隨着這個法則．轉動變化生存死滅，無不因着它．人是萬物之一體，也應該照着這法則．過日子．能如此就安甯幸福，否則就要痛苦．由此我們可以知道萬物的本性，只有照着自然法則的活動，却沒有個體的慾望．有個體的慾望，便是致亂的根源．所以老子說：

『人法地，地法天，天法道，道法自然．』

不僅人要如此，萬物都要如此．

在古代政教合一迷信盛行的社會，對於天道的觀念，認爲天是一切的主宰，他有意志有情感，掌握着生殺賞罰的大權，在詩經書經內，這種觀念到處都是．

『皇矣上帝，臨下有赫。監臨四方，求民之莫。』（皇矣）

『昊天不平，我王不寧。』（節南山）

『天生烝民，有物有則。民之秉彝，好是懿德。』（烝民）

『畏天之威，於時保之。』（我將）

『我聞在昔，鯀堙洪水，汨陳其五行。帝乃震怒，不畀洪範九疇，彝倫攸斁。鯀則殛死，禹乃代興。天乃錫禹洪範九疇，彝倫攸敍。』（洪範）

天帝不僅有意志，還有喜怒哀樂的情感。對於人類萬物的善惡黑白，看得非常清楚；賞罰生殺，處理得很正當。正如一家之主，對付自己的兒女一樣。到了春秋時代，人智漸開，對於天道的信仰，已表現懷疑，見於左傳者，已大非昔日的威嚴了。孔子一派，知道這種事體不容易說，老是回避，所討論的全是切近現實的人事問題。到了老子，由他的宇宙論產生出自然主義的天道學說。他認爲天地萬物的運行變化，都有自然的法則，這種法則，便是道。便是無爲至公無私，不雜任何意志和情感。他說：

『天之道，不爭而善勝，不言而善應，不召而自來，繟然而善謀。』

這種自然法則的天道，當然不是唯神的，意志情感，是不會有的了。所以他說：『天地不仁，以萬物爲芻狗。』老子的哲學，無論人生觀和政治思想，都由此點出發，生出無爲的理論來。『我無爲而民自化，我好靜而民自正，我無事而民自富，我無欲而民自樸.』要在這種無爲放任之下，社會乃能歸於自然，人類生活乃能返樸歸眞.所以他反對物質文化，反對干涉政治，反對人類的私慾.

莊子的宇宙學說，和老子所講的大略相同，用寓言式的文字加以闡明和補充。但在墨子的天志篇內，早已回復了商周之際的天帝思想，因爲他是一個宗教家，所以這樣復古.到了荀子，始以最正確的理論，宣佈了天人獨立.他說：『天行有常，不爲堯存，不爲桀亡，』這話說得極明顯.可是漢朝的董仲舒，又採取墨子的天志論，再加以陰陽五行說，造成那一套極神祕的天人感應的迷信哲學.水旱地震起風落雨，都是天帝在那裏表示意志，一切政治和人類的活動，都有天帝在那裏監督.漢代的儒家，除了幾個傑出的人物如桓譚張衡王充以外，無人不是尊奉這種迷信，並且愈演愈烈.幾部經書，全被迷信的色彩塗滿了，就連那部詩經，也逃不出這種厄運.漢儒到這時候，幾乎都變爲宗教家和道士了.到了魏晉的學者，才又用老莊荀子的學說，來推倒漢儒的迷信.他們在學理上雖是復古的，但在態度上，卻是革命的了.何晏的解論語，王弼韓康伯的注周易，在當日的學術界，自然都是一種革命的新思潮了.

二　宇宙本體與萬物生成

魏晉人的宇宙學說雖以老莊的思想爲基礎,但他們却有許多新理論.魏晉人所樂道者爲『無』與『無爲.』這只是名詞方面的運用,與本體並無關係.因爲在老子的宇宙論裏,『道』與『無』本是一個東西.他說過『天下萬物生於有,有生於無』又說過『有物混成,先天地生,不知其名,字之曰道.』可以看出這兩個字的意義在本體上講是相同的.何晏說,『夫道者惟無所有者也.』王弼也說,『道者無之稱也.』他們這樣一解釋,『無』與『道』完全成爲一物,但是在作用方面,無是有虛空的意思的.那就是老子所說的『無之以爲用』的作用.

宇宙的本體,何晏以爲也是無.他說:

『有之爲有,恃無以生,事之爲事,由無而成.』(道論·列子張湛注引)

他以爲天地萬物,都由這個『無』的本體產生出來的.王弼的意見和他相同,比他說得更清楚.

『凡有皆始於無,故未形無名之時,則爲萬物之始.』(老子注)

『萬物始於微而後成,始於無而後生.』(老子注)

『萬物皆由道而生.』(老子注)

天地萬物皆生於無,無就是本體.它是什麽樣的情形呢它是一種無形無名的混沌.王弼說:『無狀無象,無聲無響,故能無所不通,無所不往,不得而知,更以我耳目體不知爲名,不可致詰,混而爲一.欲言無耶？而物由以成；欲言有耶？而不見其形．故曰無狀之狀，無物之象．（老子注）何晏也說：『道之而無語，名之而無名，視之而無形，聽之而無聲．』（道論）這種無的情狀，實在有些奇怪．但是它的本領，却非常偉大．

『無之爲物，水火不能害，金石不能殘，用之於心，則虎兕無所投其齒角，兵戈無所容其鋒刃．』（王弼老子注）

『谷神谷中央無谷也．無形無影，無逆無違，處卑不動，守靜不衰，谷以之成而見其形，此至物也．處卑而不可得名，故謂天地之根．』（同上）

這裏說的谷神，也就是無的別名，因此名爲天地之根．『處卑不動，守靜不衰，』是無的本性．它有這種本領和性質，所以王弼說它『無不由也，無不通也．』

但是萬物是如何生成的呢？何晏王弼對於這個問題，都解答得很不清楚．何晏王弼說：

『無也者陰陽恃以化生，萬物恃以成形．』（晉書王衍傳）

『無能昭音響而出氣物，包形神而章光影，玄之以黑，素之以白，矩之以方，規之以員．員方得形，而無此形，白黑得名，而無此名也．』（何晏道論列子張湛注引）

他只說陰陽萬物恃無以生，氣物光影由無而出，並沒有說出其所以然，這話似乎太抽象．王弼的意思也並不明顯．

『萬物皆由道而生，既生而不知其所由．』（老子注）

『道以無形無名始成萬物以始以成而不知其所以，玄之又玄也．』（同上）

萬物的生成，是莫名其妙，說不出理由來的，所以是玄之又玄，有時候他又用「因」與「勢」來解釋這種萬物生成之由．

『何由而生道也，何得而畜德也，何由而形物也，何使而成勢也．唯因也故能無物而不形，唯勢也故能無物而不成．凡物之所以生，功之所以成，皆有所由，有所由焉，則莫不由乎道也．故推而極之，亦至道也．隨其所因，故各有稱焉．』（老子注）

這裏雖提出來「因」與「勢，」但仍是抽象極了，翻來覆去，又歸到道上去，等於沒有說什麼因可以使萬物成形，什麼勢可以使萬物生成，他都沒有解答．

這種學說，到了向秀郭象的時代，論點稍稍有點改變，說明也較為進步了（現在通行的莊子郭注本，中間雜了向秀的意見，是他兩人共有的思想，以後引用注文時，稱為向郭．）他的最重要的改變，是拿有來代替了無．『天下萬物生於有，有生於無』這句話，他們認為講不通．既是『無，』它永遠是『無，』產生出來的也是『無．』現在天地萬物一切都是有，產生有的一定也是有，只有有才能生有，無不能生有．『無也豈能生神哉？』可知無不僅不能生有，連神也不能生，它永遠是一個『無．』所以向郭說：

『夫唯無不得化而爲有也，有亦不能化而爲無矣。是以夫有之爲物，雖千變萬化而不得一爲無也。不得一爲無，故自古無未有之時而常存也。』（知北遊注）

『夫有之未生，以何爲生乎？故必自有耳。豈有之所能有乎。此所以明有之不能爲有而自有耳。非謂無能爲有也。若無能爲有，何謂無乎？』（庚桑楚注）

『一者有之初至妙者也。至妙故未有物理之形耳。夫一之所起，起於至一，非起於無也。』（天地注）

他們的論點非常明顯。有與無絕對的不同，千變萬化，有不能變成無，無也不能變成有。若無能爲有，有那什麼叫作無呢？他說有起於一，一起於至一，一與至一，都非起於無，還是起於有。那麼天地萬物的一切，都是從有而生了。

裴頠的思想，也屬於這一派。他在崇有論中說：

『夫至無者無以能生。故始生者自生也。自生而必體有，則有遺而生虧矣。生以有爲已分，則虛無是有之所謂遺者也。故養既化之有，非無用之所能全也。理既有之衆，非無爲之所能循也。心非事也，而制事必由於心，然不可制事以非事，謂心爲無也。』

裴頠的意思，和向郭大體相同。說明有不能生於無，天下萬物必生於有。裴頠是當日名理派的淸談家，他看見當日士大夫一味崇尙虛無，撰崇有論一篇，表示反對。晉書本傳上說：『王衍之徒，攻難交至，並莫能屈。』可知當日對於這問題的論戰是很緊張的。崇有論在當日學術界一定是一篇極有力的文章，所以大家才那麽注意。

天地萬物是如何生成的呢？向郭說這是自生自化的。他們說：

『卓者獨化之謂也。夫相因之功，莫若獨化之至也。故人之所因者天也，天之所生者獨化也。』（大宗師注）

『夫死者獨化而死耳，非夫生者生此死也。死者亦獨化而生耳。獨化而足，死與生各自成體。』（知北遊注）

『世或謂罔兩待影，影待形，形待造物者。請問造物者有耶？無耶？無也，則胡能造物哉？有也，則不足以物衆形。故名衆形之自物，而後始可與言造物耳。是以涉有物之域，雖復罔兩，未有不獨化於玄冥者也。故造物無主，而物各自造，而無所待焉。』（齊物論注）

這裏所說，萬物的生存死滅，都是自生自化，並沒有造物主。這種自生自化的情狀，那麽神祕，那麽巧妙，是出之於自然，或是天然。『無既無矣，則不能生有。有之未生，又不能無生。然則生生者誰哉？塊然而自生耳。自生耳自生者非我生也。我既不能生物，物亦不能生我，則我自然矣。自己而然，則謂之天然。』（齊物論注）雖是自然與天然，但萬物無刻不在變化。這種變化的力量極大，萬物就順着這力量生存死滅。『無力之力，莫大於變化者也。故乃揭天地以趨新，負山岳以舍故，故不暫停。忽已涉新，則天地萬物，無時而不移也』（大宗師篇注）天地萬物無時而不移，無時而不變，因爲這種移變，萬物就生出各種不同的形體．這些形體都是一代一代進化出來的，這可以說是一種生物進化論．

這種自生自化的進化論，到了魏晉人僞造的列子，說得較爲詳細．天瑞篇說：

『不生者能生生，不化者能化化．生者不能不生，化者不能不化，故常生常化．常生常化者，無時不生，無時不化．

……自生自化自形自色自智自力自消自息，謂之生化形色智力消息者非也．』

天地萬物循環變化，無時或已．因爲這種循環變化，萬物就自生自化，發出種種作用，並不是有什麽神意，也沒有造物主．然自生自化，也必有所本．本就是本體．天瑞篇又說：

『故有生者，有生生者有形者，有形形者有聲者，有聲聲者有色者，有色色者有味者，有味味者．生之所生者死矣，而生生者未嘗終．形之所形者實矣，而形形者未嘗有．聲之所聲者聞矣，而聲聲者未嘗發．色之所色者彰矣，而色色者未嘗顯．味之所味者嘗矣，而味味者未嘗呈．皆無爲之職也．能陰能陽，能柔能剛，能短能長，能員能方，能生能死，能暑能涼，能浮能沉，能宮能商，能出能沒，能玄能黃，能甘能苦，能羶能香．無知也無能也，而無不知也，而無不能也．』

生者形者聲者色者味者，就是萬物生生者形形者聲聲者色色者味味者就是本體．因爲前者是萬物，所以生者要死，形者要實，聲者可聞，色者可彰，味者可嘗．後者是本體，所以生不死，形不有，聲不發，色不顯，味不呈．然而又是生形聲色味的原因和本質．這本體，列子名爲『無．』這無已經不是老子所講的無了.無是一種原質,這種原質的本性,無所不能.萬物要什麽,就給你什麽.要陰陽剛柔的,給你陰陽剛柔,要長短方圓的,給你長短方圓,要色聲香味的,給你色聲香味.它具備一切的原素.這種無已經是向郭裴頠所講的『有』了.

注列子的張湛也有這種思想,他說:

『謂之生者則不無,無者則不生.故有無之相生,理既然矣.則有何由而生?忽爾而自生耳.』(天瑞篇注)

『夫混然未判,則天地一氣,萬物一形.分而爲天地,散而爲萬物.此蓋離合之殊異,形色之虛實.』(同上)

『生者則不無,無者則不生,』正是向秀郭象所說的『無不能化爲有,有亦不能化爲無』的意思.在混然未判之時,天地是一氣,萬物是一形,那當然是有不是無了.既然是有,那天地萬物都是生於有了.如何生的呢?『天地無所從生而自然生.』(天瑞篇注)『夫生者自生,形者自形,明者自明,忽然自爾,固無所因假也.』(湯問篇注)『天地何邪?直虛實清濁之自分判耳.』(天瑞篇注)這正是列子所說的自生自化,向秀郭象所說的獨化與天然了.

何王所說的『無』,向秀郭象裴頠他們所說的『有』,都是萬物之所本.到了葛洪的抱朴子,又說是玄了.暢玄篇說:

『玄者自然之始祖,而萬殊之大宗也.眇昧乎其深也,故能微焉.綿邈乎其遠也,故稱妙焉.其高則冠蓋乎九霄,其曠則籠罩乎八隅．光乎日月，迅乎電馳．……金石不能比其剛，湛露不能等其柔．方而不矩，圓而不規．求焉不見，往焉莫追．……胞胎元一，範鑄兩儀，吐納大始，鼓冶億類．……』

他所說的玄，與何王的無，向郭裴頠他們的有正是一樣，廣大剛柔方圓光熱的種種性能，無所不備．所以它能胞胎元一，範鑄兩儀．葛洪有時候又把玄說作道的．道意篇說：

『道者涵乾括坤，其本無名．論其無，則影響猶為有焉．論其有，則萬物猶為無焉．隸首不能計其多少，離朱不能察其髣髴．……為聲之聲，為響之響，為形之形，為影之影．方者得之而靜，圓者得之而動，降者得之而俯，昇者得之以仰．強名為道，已失其眞．……』

他一時說玄，一時說道，意思全是相同．他覺得要是說無，又好像是有，要是說有，又好像是無．因此他無有二字，全都不用，改用『玄』與『道』了．玄也好，道也好，其作用是同的，其本性也是同的．無聲無響，無形無影，看不見，聽不着．但又是聲之聲，響之響，形之形，影之影．正是列子中說的形形者，聲聲者，色色者，味味者．所以『是自然之始祖，萬殊之大宗．』天地萬物之生成，他覺得也是自然而然的變化，並非造物主之所為．這意思也和上面所講的天然獨化的理論相合．

『渾茫剖判，清濁以陳，或昇而動，或降而靜，彼天地猶不知所以然也．萬物感氣，並亦自然，與彼天地各為一物，但成有先後，體有巨細耳．……天地雖含囊萬物，而萬物非天地之所為也．』（塞難篇）

萬物的生成變化雖是自然而然，變化雖有先後，形體雖有巨細，但萬物與天地各相獨立，誰也不能指使誰，也不能管理。天地雖大，不是萬物之母，萬物雖小，並不是天地的子孫。人也是一樣，與天地同等，當然是不受它的指揮監督的了。

在當代的宇宙學說中，拋棄那些『無』『有』『玄』『道』的抽象名詞，用具體的物質來說明的，是吳國的處士楊泉。吳國亡了，晉朝找他做官，他不去，閉戶著書，有集二卷，物理論十六卷。可惜這些著作都散失了，只有很少的一部份，保存在意林、太平御覽和全三國文內面。因此我們無法知道他的全生活和全思想。他大概是一個天文學研究者，受着張衡的影響的，所以他處處以物理為立論的基礎，是科學家，不是玄學家。他解釋天地萬物的生成說：

『立天地者水也，成天地者氣也。水土之氣，升而為天。夫地有形而天無體，譬於灰焉，煙在上，灰在下也。天，元氣也，皓然而已，無他物焉。』（太平御覽天部引）

『立天地者水也。夫水，地之本也。吐元氣，發日月，經星辰，皆由水而興。』（同上）

這裏所說，是天地萬物都是由氣變成，這氣是由水化出的。那麼水是天地萬物之根本。他說「九州之外皆水也。」由水化出氣，由氣的結晶，先造成天地，有了天地，便有萬物。氣有厚薄，有濃淡，結晶體的形狀，自然也是千變萬化，所以他說：『夫土地皆有形而人莫察焉。……有弓弩式，有斗石形，有張舒狀，有塞閉容……此皆氣勢之始終，陰陽之所極也．』土地之形狀不同，所以萬物的形狀，也是不同．萬物的構成是氣，氣的變動就是萬物的變動．風雲雷雨開花結實生死盈虧都是氣的作用，不是天神地祇的作用．人是萬物內面的一個形體，自然也是氣構成的了．他說：『人含氣而生，精盡而死．死猶澌也，滅也．譬如火焉，薪盡而火滅，則無火矣．故滅火之餘，無遺炎矣．人死之後，無遺魂矣．』（太平御覽禮儀部引）

這種科學的物質的解釋，比起玄學家用『有』『無』『玄』『道』來解釋，要清醒得多．可惜他的著作不完全，我們不能知道他的全部思想．好像水這種原素是那裏來的呢？他就沒有說明，但無論如何他這種說法，比上列諸家都是要進步的了．

用氣體來說明宇宙的，列子裏也有一兩處．

『天積氣耳，亡處亡氣，若屈伸呼吸，終日在天中行止，奈何憂崩潰乎？……日月星宿亦積氣中之有光耀者也．』（天瑞篇）

『虹蜺也，雲霧也，風雨也，四時也，此積氣之成乎天者也．山岳也，河海也，金石也，火木也，此積形之成乎地者也．』（同上）

魏晉人的僞造列子，不知道究竟在什麼時候，如果在楊泉以後，積氣成形的理論，恐怕是受了楊泉的物理論的影響.

三　天道與天

上面說了宇宙的本體與萬物的生成，現在要說的是他們對於天道與天的觀念.先說天道.他們所講的天道也是出於他們的宇宙學說.由他們的宇宙學說，知道天地萬物都是由某種本體變化出來，並沒有造物主的存在.萬物順着自然的法則，生存死滅變化無窮.這自然的法則，就是萬物的本性.只要順着這本性，你的生活就是合乎自然，無所謂幸福，無所謂災難.人是如此，動植物是如此，日月星辰都是如此.王弼在老子注中說:『順自然而行，不造不始，故物得至而無轍迹也.順物之性，不別不析，故無瑕謫可得其門也.』又說:『萬物以自然爲性，故可因而不可爲也，可通而不可執也.物有常性，而造爲之，故必敗也.物有往來而執之，故必失矣.』這是說萬物順隨自然，可以無跡無瑕，否則就要失敗.向秀郭象在莊子注中也說:『乘天地之正者，卽是順萬物之性也.御六氣之辯者，卽是遊變化之途也.』又說:『遊於變化之途，放於日新之流，萬物萬化，亦與之萬化.化者無拯，亦與之無拯，誰得遯之哉?夫於生爲亡，而於死爲存.於死爲存，則何時而非存哉?』萬物萬化，自然而然.一點不能勉强，一點也不能反抗.生就是死，死就是生.無夭無壽，無禍無福.人物與天地都是並立的，那還有什麼天意呢?故王弼說：

『天地任自然，無爲無造，萬物自相治理，故不仁也．仁者必造立施化，有恩有爲，造立施化，則物失其眞；有恩有爲，則物不具存．……地不爲獸生芻，而獸食芻，不爲人生狗，而人食狗，無爲於萬物而萬物各適其所用．』

這種天道是自然的，無爲而無不爲，無造而無不造．說他不仁，就是沒有恩意，沒有情感，沒有賞善罰惡的智力．天災水旱可以殺人，但不是天意，地震山崩可以殺人，也不是地意，正如獸食芻，人食狗一樣，萬物各適其所用，都是沒有恩意的．何晏說的『天地萬物以無爲爲本』，夏侯玄說的『天地以自然運，聖人以自然用，』都是這個意思．

到了向秀郭象，對於這種天道觀念，說得更明顯．

『天地者萬物之總名也．天地以萬物爲體，而萬物必以自然爲正．自然者不爲而自然者也．……不爲而自能，所以爲正也．』（逍遙遊注）

『故天者萬物之總名也．莫適爲天，誰主役物乎？故物皆自生而無所出焉．此天道也．』（齊物論注）

『故造物者無主，而物各自造．物各自造而無所待焉．』（同上）

他在這裏正式宣佈天地只是萬物的總名，並不是萬物之母．萬物都是自造，天地並不是造物主．它既沒有造物的威力，也沒有役物的意識．這樣一來，天人感應的邪說，自然是無從附會了．

葛洪雖是一個道教徒，主張有善惡的報應，但他把這些報應，歸之於神鬼。在微旨篇內說得很詳細。大概宗教家都非如此不可，正如墨子一樣。但他在學理上說明天道，卻是非常合理的。

『天地雖含囊萬物，而萬物非天地之所爲也。……俗人見天地之大也，以萬物之小也，因曰天地爲萬物之母，萬物爲天地之子孫。夫蝨生於我，豈我之所作？故蝨非我不生，而我非蝨之父母，蝨非我之子孫。蠛蠓之育於醯醋，芝檽之產於木石，蛣蟈之滋於污淤，翠蘿之秀於松枝，非彼四物所創匠也。萬物盈乎天地之間，豈有異乎斯哉。』

（塞難篇）

萬物既不是天地之所造，天地便不是人間司善司過之神。人的形體雖小，也是稟之自然，與天地無異。死生禍福是人間自身的種種活動，與天意無關。董仲舒所說的『爲生不能爲人，爲人者天也，人之人本於天，天亦人之曾祖父也。……人之好惡，化天之暖清；人之喜怒，化天之寒暑；人之受命，化天之四時；人生有喜怒哀樂之答，春秋冬夏之謂也。』（爲人者天地）人類既是天之子孫，當然天就有意志，天既有意志，人就要順從它，於是天道就有禍福的表示。水旱地震月蝕日蝕，都成爲這種表示了。魏晉人的宇宙論，推倒了董仲舒派的迷信觀念，擊破了他們的天人感應說，實在是極有意義的事。使得當日的學術界，生出一種解放的清新的空氣來。

最後，我還要提到的，是關於天的形狀問題，這是屬於科學方面的。中國古代言天地之形狀者，有兩種說法.一爲蓋天,一爲渾天.蓋天者,天在上地在下之謂也.古書上時有天覆地載之說.這一派起源必較早.因爲在我們的眼光中看去,天是在上,地是在下.天的職權是覆,地的職權是載,容易說出來,說出來容易使人相信.到後來科學知識漸漸進步了,看見日月星辰的種種轉動,知道蓋天說不一定可靠,於是創出渾天說來.渾天說是天包於外,地居於中.地如卵黃,天如卵白.天的表裏都是水,天地乘氣而立,運水而行,無時或止.其形狀正如鷄卵.那麼渾天說同現在所講的地球圓形地動的學說不謀而合.可知中國古代的天文學識是很進步的了.因爲這種學說產生出徐整的盤古氏開天闢地的神話.三五歷記云:

『未有天地之時,混沌如鷄子.盤古生其中,一萬八千歲,天地開闢,清陽爲天,濁陰爲地.盤古日在其中,天日高一丈,地日厚一丈,盤古日長一丈,如此一萬八千歲,天數極高,地數極深,盤古極長,後乃有三皇.』

這雖是神話,很明顯地是受了渾天說的影響.天地混沌如鷄子,是渾天派喜歡引用的名詞.至於清陽爲天,濁陰爲地,是淮南子內面的話.

漢代主渾天說者有武帝時代製渾天儀的落下閎,有擔任推算和繪象的鮮于妄人、耿中丞,和思想家揚雄、張衡諸人.揚雄有難蓋天八條,載於隋書天文志.張衡更是一個實驗的科學家,重作渾天儀,來證明這種學說的正確.晉書天文志云:

『順帝時，張衡又制渾象，具內外規，南北極，黃赤道，列二十四氣，二十八宿，中外星官，及日月五緯，以漏水轉之於殿上室內，星中出沒，與天相應。』

蔡邕也是贊成渾天的，他說：『周髀（蓋天之祖）術數俱存，考驗天狀，多所違失。惟渾天僅得其情，今史官所用候台銅儀，則其法也。』可知漢代的學者多稱渾天。但王充獨稱蓋天。他說：

『舊說天轉從地下過。今掘地一丈輒有水，天何得從水中行乎？甚不然也。日隨天而轉，非入地。夫人目所望，不過十里，天地合矣，實非合也，遠使然耳。今視日入，非入也，亦遠耳。當日入西方之時，其下之人亦將謂之中也。四方之人，各以其近者為出，遠者為入矣。何以明之？今試使一人把大炬火，夜半行於平地，去人十里，火光滅矣。日月不圓也，望視之所以圓者，去人遠也。夫日，火之精也。月，水之精也。水火在地不圓，在天何故圓。』

王充根據蓋天說提出了『天不能行於水中』，『日月望之所以圓者，去人遠也』的幾點，來駁難渾天說。在漢朝似乎沒有人起來把他駁倒。到了晉朝的葛洪，把張衡的學說充分的發揮，將王充提出來的疑難，一一的加以辯證，於是渾天說得了最後的勝利。葛洪說：

『張平子既作銅渾天儀，於密室中以漏水轉之，令伺之者閉戶而唱之，其伺之者以告靈台之觀天者，璇璣所加，某星始見，某星已中，某星今沒，皆如合符也。……若天如渾者，則天之出行於水中，為的然矣。故黃帝書曰：「天在地外，水在天外，水浮天而載地者也。」……天出入水中，當有何損，而謂為不可乎？……王生以火炬喻日，吾亦將借子之矛以刺子之盾焉．把火之去人轉遠，其光轉微，而日月自出至入，不漸小也．王生以火喩之，謬矣．……王生又云，「遠故視之圓，」若審然者，月初生之時及既虧之後，何以視之不圓乎？而日食或上或下，從側而起，或如鈎至盡，若遠視見圓，不宜見其殘缺左右所起也．此則渾天之體，信而有徵矣．』

這篇文字太長，我在這裏只引用幾個要點．他所講的，全是以人的常識與證明的事實爲基礎，所以很有力量．還有當代的天文學者劉智，他以天論著名．在天論中他也是反對蓋天說的．『或問曰「渾蓋二說誰其得之？」劉智曰：「蓋天之論謬矣．以春秋二分，日出卯入酉，若天象車蓋，極在其中，日月星辰，迴遠則藏，二分之時，當晝短夜長．今以漏刻數之，則晝夜分等，以日出入效之，則出卯入酉，此蓋天之說，不通之驗也．』到了楊泉，他覺得兩說都有弊病．天是積氣而無體，氣以外什麼也沒有．他說：

『渾天說天，言天如車輪，而日月且從上過，夜從下過，故得出卯入酉．或以斗極難之，故作蓋天，言天左轉，日月不行，皆緣邊爲道．就渾天說，則斗極不正．若用蓋天，則日月出入不定．夫天元氣也，皓然而已，無他物焉．』（太平御覽天論引）

楊泉雖如此說，渾天的理論，比起蓋天說來，是較爲合理的．

第四章　魏晉時代的政治思想

一　法家思想

漢代末年由黨錮黃巾之禍亂，到建安時代的互相殘殺，在中國歷史上，起了空前的動搖。王權衰落，綱紀崩潰，賞罰不明，小人當政。社會上是商人得志，農村破產，富豪跋扈，平民困窮。戰禍屠殺，再加以天災和瘟疫，田舍化爲廢墟，人命成爲草芥。於是固有的禮法制度完全崩壞，學術思想上也起了激烈的動搖。在這種亂世，掌握政權的人要恢復社會的秩序，整頓朝庭的紀綱，不是儒家所講的仁術德化所能收效，自然會採用法家的政策了。諸葛亮曹操之流，就是這一派人。

諸葛亮隱居草廬，耕田賦詩，悠悠自適，很像道家的生活。讀他的誡子書，對於修身養德明志勤學幾件事再三叮嚀，又是儒家的態度。但他後日一當政，却又是法家了。可知到了這個時代，諸子百家的思想，彼此融合，彼此滲透。在那個亂離時代的政治環境，執政的人是容易走上法家的路的。在前出師表內，諸葛亮說：

『宮中府中，俱爲一體，陟罰臧否，不宜異同。若有作姦犯科，及爲忠善者，宜付有司，論其刑賞，以昭陛下平明之治，不宜偏私，使內外異法也。』

法家最重要的一點，就是尊重法律的權威是絕對的中間不能雜絲毫的人情和偏袒．管子所說的『任法而不任智』（任法篇）又說『有道之君善明設法而不以私防者也．而無道之君既已設法，則舍法而行其私者也．為人君者棄法而好行私，謂之亂．』（君臣篇）正是這個意思因為法律的威力是絕對的，不僅官吏百姓要服從，就是君主也要服從．若舍法而行私，則法便變成禍亂　根源，君就是亂君了．所以街亭之敗，諸葛亮一面揮淚斬了自己最信愛的馬謖，一面又上疏自貶．疏中說：『臣不能訓章明法，臨事而懼，至有街亭違命之闕，箕谷不戒之失，咎皆在臣授任無方．臣明不知人，料事多闇．春秋責帥，臣職是當．請自貶三等，以督厥咎．』他是軍事全權的指揮者，出了毛病，對於君主，自然要全部負責．他一點也不將這些錯誤推委到旁人的身上以求自全．一說咎皆在臣，再說臣職是當，這才是真正的法家精神．蜀志本傳評曰：

『諸葛亮之為相國也，撫百姓，示儀軌，約官職，從權制，開誠心，布公道．盡忠益時者，雖讎必賞，犯法怠慢者，雖親必罰．服罪輸情者，雖重必釋，游亂巧辯者，雖輕必戮．善無微而不賞，惡無纖而不貶……邦域之內，咸畏而愛之，刑政雖峻而無怨者，以其用心平而勸戒明也．』

法家最重要的便是開誠布公，萬　能存一點私心．一定要做到雖讎必賞雖善必罰的地步，人民才無怨言．否則人民只畏你不愛你，弄成秦始皇時代的狀況，結果是失敗的．諸葛亮的過人處，便是用心平勸戒明，因此刑政雖嚴峻，人民對他只有愛戴而無怨恨了。

曹操雖以法家稱，卻不如諸葛亮的公平博大。諸葛亮用兵時雖以謀術著稱，但他用人行政，卻是純粹的法治精神。曹操則不然，無論對於心腹或是仇敵，都是用的法術。法與術是不同的。術出於戰國時代的縱橫家，申不害主之。故韓非子定法篇云：『申不害言術而公孫鞅言法。』尹文子說：『法不足以治則用術。』術就是陰謀，爲達到某事的目的，欺詐陷害，無所不可。但正統派的法家，卻不取此。韓非子有度篇說：『奉公法，廢私術，』這意思很明顯，若用私術則必不能奉公法，法一不公，則它的權力和精神都會減少，而不爲人民所信仰了。曹操是一個有野心的人，無時無刻不在培植自己的權力，想坐上皇帝的椅子，若奉公守法，那如何可行。因此他的法，全是治人的私法，不是正直無私的公法。禁誹謗，復肉刑，嚴敗軍，求逸才的種種詔令，都是統制思想統制僚屬的重要文獻。於是在那種嚴刑峻法之下，許多反對他那種陰謀的智識階級，全都寃枉的送了性命。他自己卻用陰謀手段，把地位佈置妥當，讓後代的兒孫安坐皇位。諸葛亮是爲公，曹操是爲私，他倆的優劣，就在這一點。

傅玄說：『魏武重法術，而天下貴刑名。』在那個亂世，法家的思想當然是很流行的，所以號稱儒家的仲長統徐幹之流，在他們的著作裏，也時時流露出法治的思想。鍾繇陳羣正如曹操一樣，是法術合一的。鍾會雖名爲道家，其實也是法家。魏志本傳說：『會死，得書二十篇，名曰道論，而實刑名家也。』

可惜這些書都已散失，我們無從探悉當代法家的系統思想．但在這裏，有一個人我們必得注意的，便是劉劭．劉劭是一個多方面的人．他的思想是儒道名法陰陽諸家的混合物．他主張制禮作樂，以移風俗，著樂論十四篇．老年曾執經講學，這明明是儒家了．在人物志內，道家陰陽家的思想也不少．但他在政論上，却又是法家的思想．所以夏侯惠稱讚他說：

『劉劭深忠篤實，體周於數，凡所錯綜，源流弘遠．是以羣才大小，咸取所同而斟酌焉．故性實之士，服其平和良正，清靜之人，慕其玄虛退讓．文學之士，嘉其推步詳密．法理之士，明其分數精比．意思之士，知其深沉篤固．文章之士，愛其著論屬辭．制度之士，貴其化略較要．策謀之士，贊其明思通微．凡此諸論，皆取適己所長，而舉其支流者也．』

（魏志本傳）

這些話難免有些誇張，但也可證明他的廣博．他作的都官考課七十二條和述法論，現在雖無從見到，由其名目看來，內面是表現着法家的思想，是無疑的．在他的人物志裏，也到處流露着法家的思想．流業篇說：

『蓋人之流業十有二焉．有清節家，有法家，有術家，有國體，有器能，有臧否，有伎倆，有智意，有文章，有儒學，有口辯，有雄傑．若夫德行高妙，容止可法，是謂清節之家，延陵晏嬰是也．建法立制，彊國富人，是謂法家，管仲商鞅是也．思通道化，策謀奇妙，是謂術家，范蠡張良是也．兼有三材，三材皆備，其德足以厲風俗，其法足以正天下，其術足以謀廟勝是謂國體，伊尹呂望是也……能屬文著述，是謂文章，司馬遷班固是也．能傳聖人之業，不能幹事施政，是謂儒學，毛公貫公是也……』

他在這裏把人分為十二個範圍，正如現在大學裏分科設系一樣．流品最高的有四等人，一是國體，二是清節，三是法家，四是術家．國體清節，他說是位於三槐，坐而論道的人物，眞要掌握實權處理國事，還是要靠法術二家．因法家可以建法立制，富國強人，術家可以思通道化，策謀奇妙．一個國家既有法制，又可富強，這便是政治家的最高理想了．寫幾句文章，本不算什麼稀奇，儒家只能傳聖人之業，不能幹政施事，所以他說文章家只能編編歷史，儒家只能當當教員．他所稱道的伊尹、呂尙、管仲、商鞅、范蠡、張良之徒，都是不講德行，只講權謀法術的人．正如曹操所說，求人才只要他有治國用兵之術，不仁不孝，都可不管．『有行之士未必能進取，進取之士，未必能有行也．』重法輕儒，眞是情見乎辭矣．

劉劭覺得人性都是惡的．多私慾，好名利，欲以仁德化之，實不容易，不制之以法，威之以刑，難以收效．若在濁世，人心好亂，更非如此不可．故他說：『策術之政，宜於治難．矯抗之政，宜於治侈．公刻之政，宜於糾姦．威猛之政，宜於討亂．』但法術二家的利害和異同，他也看得很清楚．利害篇說：

『法家之業，本於制度，待乎成功而效，其道前苦而後治，嚴而為衆．故其未達也，為衆人之所忌，已試也，為上下之所憚，其功足以立法成治，其弊也為羣枉之所讎，其為業也，有敝而不常用，故功大而不終．術家之業，出於聰思，待於謀而得彰其道先微後著精而且玄其未達也爲衆人之所不識其用也爲明主之所珍其功足以運籌通變其退也藏於隱微其爲業也奇而希用故或沈微而不彰』

又在接識篇說：

『法制之人以分數爲度故能識較方直之量而不貴變化之術術謀之人以思謨爲度故能成策略之奇而不識遵法之良』

在這些話裏他對於法術二家之分辨非常精密法家是以法制爲度公私不偏嚴酷寡恩不貴變化之術它的作用是表面的機械的故易爲衆人所忌上下所憚因爲是機械的故功大而不終商君車裂吳起支解就是如此術家是一種陰謀手段的運用由始至終是祕密的失敗了不爲衆人所識成功了爲君主所珍這種「先微後著精而且玄」的術謀自然是不識遵法之良了。

劉劭覺得人的材能既有種種不同君主應當充分利用其所長使他能夠在他的職務上發展其個性無論大官小職都能如此則可達到國治民安的地步君主只要把人看準了把事情分給他們去辦自己照着法律有功就賞有罪就罰什麼事也沒有了但知人這件事確不容易他在八觀篇內專門討論這個問題『八觀者一曰觀其奪救以明間雜二曰觀其感變以審常度三曰觀其志質以知其名四曰觀其所由以辨依似五曰觀其愛敬以知通塞六曰觀其情機以辨恕惑七曰觀其所短以知其長

八曰觀其聰明，以知所達。』這是人物志內一篇最有力的長文章。他完全以心理學爲基礎，再加以常識的判斷，從人的言語、行動、相貌、情感、志氣、趣味各方面分析人的善惡眞僞，指示一種觀察人才的詳細方法。君主能這樣選擇人才，分配事務，奉公守法，不偏不私，政治便有希望了。故他說：

『此十二材者，皆人臣之任也，主德不預焉。主德者聰明平淡，總達衆材，而不以事自任者也。是故主道立，則十二材各得其任也。清節之材，師氏之任也。法家之材，司寇之任也。術家之材，三孤之任也。三材純備，三公之任也。……是謂主道得而臣道序，官不易方而太平用成。』（流業篇）

『臣以自任爲能，君以用人爲能。臣以能言爲能，君以能聽爲能。臣以能行爲能，君以賞罰爲能。』（材能篇）

他這裏講的主道，很有一點道家無爲的意味，這一點正是法家襲取道家學說的地方。梁啓超說：

『法家所受於道家者何耶？道家言「我無爲而民自正，」民何以能正？彼蓋謂自有自然法能使之正也。自然法不可見聞，故進一步必要求以人爲法爲之體現，此當然之理也。及其末流，卽以法治證無爲之義矣。法治純以客觀的物準馭事變，其性質恰如權衡規矩。愼子所謂「無建己之患，無用知之累」也。夫是以能「無爲而無不爲。」故彭蒙愼到之流，皆遂於道家言，而治術則貴任法，蓋以此也。』（先秦政治思想史）這段話解釋得最清楚，因此後代的法家，或濃或淡，總帶有道家的思想，就是這個原故。如鍾會劉劭之徒，一面言法，一面講道，沒有什麼可驚奇的了。

二　儒家思想

曹操那種嚴刑峻法任謀重詐的輕儒政策，他的兒子曹丕做了皇帝，就表示不贊成。他的思想傾向道家，對於漢文帝的無爲政治再三嚮慕。因此養成那種曠達輕浮的風氣。但當時也有人從儒家的立場，對當日的法術政治表示反對的。在蔣濟的萬機論，桓範的政要論內，我們可以看到這種意見。蔣濟說：

『昔秦穆公近納英儒，招致智辯，知富國強兵。至於始皇，乘歷世餘，滅吞六國，建帝號而坑儒任刑。疏扶蘇之諫，外蒙恬之直，受胡亥之曲，信趙高之諛。身沒三歲，秦無噍類矣。前史書二世之禍，始皇所起也。……漢宣帝受六世之洪業，繼武昭之成法，四夷佈征伐之威，生民厭兵革之苦，海內歸勢，適當安樂時也。而以峻法繩下，賤儒貴刑名。是時則石顯弘恭之徒，便僻危嶮，杜塞公論，專制於事，使其君負無窮之謗也。如此誰果亂宣帝家哉？……推計之，始皇任刑，禍近及身，宣帝好刑，短喪天下。』（用奇篇・羣書治要卷四十七）

他用歷史上的事實證明重刑法可以亡國，貴儒可以興邦。因爲法治是機械的唯物的，不講變化，不從民意，不重賢才。蔣濟認爲這是政治上最大的錯誤。所以他主張：『隨俗樹化，因世建業，愼在務三而已。一曰擇人，二曰因民，三曰從事。時移而不移，違天之祥也。民望而不因，違人之咎也。好善而不能擇人，敗官之患也。三者失則天人之事悖矣。』（政略篇）擇人是選用賢能，因民是順從民意，從時是迎合潮流，這確是政治學上幾個最重要的原則。如果當政者能做到這幾點，政治便有希望了。他覺得這些，不是講法術的人所能辦到的。桓範在政要論內（羣書治要）有更激烈的主張。他說：

『商鞅申韓之徒，其能也貴尙譎詐，務行苛剋，則伊尹周召之罪人也。然其尊君卑臣，富國強兵，有可取焉。甯成郅都，輩放商韓之治，專以殘暴爲能，然其抑强撫弱，背私立公，尙有可取焉。其晚世之所謂能者，乃犯公家之法，赴私門之勢，廢百姓之務，趣人間之事，決煩理務，臨時苟辨，但使官無譴負之累，不省下民吁嗟之寃，復是申韓甯郅之罪人也。而俗猶共言其能，執政者選用不廢者，何也？爲貴勢之所持，人間之士所稱，聽聲用名者衆，察實審能者寡，故使能否之分不定也。』（辨能篇）

他覺得法術本不足取，但申韓之徒，雖尙譎詐行苛剋，還有『尊君卑臣，富國强兵』的好處。甯成郅都之流，雖以殘暴爲能，但『撫弱抑强，背私立公，』也還可取。至於當代那些借法術之美名的假法家，幹那些貪財虐民爭權奪勢的惡行，犯公法，運私術，不僅是申韓甯郅的罪人，簡直是盜賊行爲，申韓的好處一點也沒有，把他們的劣點充分地表現出來。這種現狀如何能使政治有澄淸之望。君主又是目昏耳鈍，不能察實審能，於是這般假法家乘機得勢，政治自然更加紊亂。頭腦稍稍淸醒一點的人，對於這種現狀，自然要發出反抗之聲了。由此，我們也可以看出曹操手下一派的法家的眞面目了。

桓範的政治思想，是德刑合用．以德化民，以刑禁奸．德爲本，刑爲用．這樣作去，可以達到『民愛之而又畏之』的地步．他說：『治國之本有二，德也，刑也．二者相須而行，相待而成矣．……故雖聖人爲政，不能偏用也．故任德多，用刑少者，五帝也．刑德相半者，三王也．仗刑多，任德少者，五霸也．純用刑，强而亡者，秦也．』（臣不易篇）可知純用刑法，輕視德化，雖是强秦，終歸滅亡．要如何才是德呢？他說要正身節欲；要審覈眞僞，要體恤民艱，要愼刑息兵．能做到這幾點，便可『發言則通四海，行政則動萬物，正身於廟堂之上，而化應於千里之外』了．

正身節欲　葉公問政，孔子對曰：『子帥而正，孰敢不正．』正就是正身．是孔學政論中最重要的一點．自己正直了，積極方面才有資格可以管理衆人，消極方面可以感化衆人．這種感化的效果，比刑罰的壓迫力量大得多．故桓範說：『爲政之務，務在正身．身正於此，而民應於彼．故君子爲政，以正己爲先，教禁爲次．若君正於上，則吏不敢邪於下．吏正於下，則民不敢僻於野．國無傾君，朝無邪吏，野無僻民，而政之不善者，未之有也．』（政務篇）這正是孔子所說的『不能正其身，如正人何』的意思．節欲包括兩方面．一面是制私欲，如女色犬馬之樂；一面是戒奢侈，薄賦稅，可以安民豐財．有德之君，雖不能閉情無欲，必得尅制消除．故桓範說：『儉者節欲，奢者放情．放情者危，節欲者安．堯舜之居，土階三等，禹卑宮室而菲飲食．此數帝者，非其情之不好，乃節儉之至也．故其所取民賦也薄，而使民力也寡，其育物也廣，而興利也厚。故家給人足，國積饒而四海安矣。』（節欲篇）為政者若能做到家給人足，國庫豐饒，社會自然會安定，什麼革命也沒有了。

審覈眞僞　領袖之難，難於辨別眞僞。眞僞不別，則忠良失勢，羣小當朝。政治沒有不亂的。有德之君，應該有犀利的眼光，審覈人才的賢愚眞僞，不要為讒言諂媚所蒙蔽。桓範對於這一點說得極詳細，也說得極好。

『臣有立小忠，以售大不忠，効小信以成大不信，可不慮之以詐乎？臣有貌厲而內荏，色取仁而行違，可不慮之以虛乎？臣有害同儕以專朝，塞下情以壅上，可不慮之以嫉乎？臣有進邪說以亂是，因似然以傷賢，可不慮之以奸乎？臣有因賞以邀恩，因罰以佐威，可不慮之以奸乎？（奸字疑誤）臣有外顯相荐，內陰相謀，事託公而實挾私，可不慮之以欺乎？臣有事左右以求進，託重臣以自結，可不慮之以僞乎？臣有和同以取諧，苟合以求荐，可不慮之以禍乎？臣有悅君意以求親，悅主言以取容，可不慮之以佞乎？此九慮者，所以防惡也。臣有辭拙而意工，言逆而事順，可不恕之以直乎？臣有樸騃而辭訥，外疏而內敏，可不恕之以質乎？臣有犯難以為士，離謗以為國，可不恕之以忠乎？臣有守正以逆衆意，執法而違私志，可不恕之以公乎？臣有不曲己以求合，不耦世以取容，可不恕之以貞乎？臣有從側陋而進顯言，由卑賤而陳國事，可不恕之以難乎？臣有孤特而執節，分立而見毀，可不恕之以勁乎？此七恕者，所以進善接下之理也。御臣之道，豈徒七恕九慮而已哉。』（為君難篇）

這裏所講的九慮七恕，確是君主時時刻刻所要注意的，眞能做到這幾點，惡可以防，善可以進，眞僞忠邪都可以辨別淸楚了。但這些事却不容易做到，所以歷史上老是演着宦戚專權羣小亡國的慘禍。

體恤民艱　君主雖站在民衆的上面，但民衆是國家的本體，有德之君，應當體恤民艱，愛之如子女，撫之如家族。萬不可做那種勞民傷財的事體，使民衆挺而走險。故桓範說：『服一綵，則念女功之勞，御一穀，則恤農夫之勤，決不聽之獄，則懼刑之不中，進一官之爵，則恐官之失賢。賞毫釐之善，必有所勸，罰纖芥之惡，必有所沮。使化若春氣，澤如時雨，消凋汚之人，移薄僞之俗。』（爲君難篇）君民的關係，能建立在這種同情心上，彼此發生一種家族的愛情，自然可以達到『化若春氣，澤如時雨』的境界了。這境界就是孔學所說的大同。

愼刑息兵　德以化民，刑以禁奸，可知刑法是爲政者所免不了的。但是刑法究竟是極殘酷危險的事，稍一不愼，就送人性命，弄成殘廢。我們在歷史上，看見不少好人，寃枉地死在正大光明的刑法下。用兵亦是如此，無論有名無名，打勝打敗，總是勞民傷財。在儒家的德化政策下，是主張愼刑息兵的。這一點正與法家相反。故桓範說：『夫刑辟之作，所從尙矣。聖人以治，亂人以亡，故古今帝王莫不詳愼之者，以爲人命至重，一死不生，一斷不屬故也。故苟詳則死者不恨，生者不忿。忿恨不作，則災害不生。災害不生，太平之治也。是以聖主用其刑也，詳而行之。必欲民犯之者寡，而畏之者衆。明刑至於無刑，善殺至於無殺，此之謂矣。夫闇亂之主，用刑彌繁，而犯之者益多，而殺之者彌衆，而慢之者尤甚者何？由用之不詳，而行之不必也。不詳則罪不值，所罪不值則當死反生。不必則令有所虧，令有所虧，則刑罰不齊矣。失此二者，雖日用五刑，而民猶輕犯之。故亂刑之刑，刑以生刑。惡殺之殺，殺以致殺，此之謂也。』（詳刑篇）刑法最大的目的，是要犯法的人少，畏法的人多。能『明刑至於無刑，善殺至於無殺，』那就達到立刑制法的最高理想了。如果一味嚴刑峻法，不分皂白，造成秦始皇時代的恐怖政策，結果是該死者反生，該生者反死，殺之愈衆，犯者愈多。最後是民衆革命，推倒皇帝了事。『聖人以治亂人以亡，』眞是不錯。所謂『亂刑之刑，刑以生刑，惡殺之殺，殺以致殺，』這實在說得沉痛深刻極了。主張造成恐怖局面的法家，是應該想想這裏面的道理的。由這一點，儒家的政治理想實在要比法家高遠得多了；雖說在實效上不一定比得上他。再對於用兵的意見，桓範說：『聖人之用兵也，將以利物，不以害物也。將以救亡，非以危存也。故不得已而用之耳。然以戰者危事，兵者凶氣，不欲人之好用之。故制法遺後，命將出師，雖勝敵而反，猶以喪禮處之，明弗樂也。』（兵要篇）由這些地方，都可以看出愛好和平，實在是中國民族性的特點。老莊的無爲，墨子的兼愛非攻，孔孟的仁術禮讓，都是中國和平特性的表現。遠非嗜殺好戰的異族所可比擬。

蔣濟桓範的思想因爲偏重儒家，他們的行爲品格，也遠在當代一般士大夫之上。桓範性格孤傲，落落難合，對於司馬懿的野心篡奪，表示不滿意，結果是被誅三族，死得非常慘。蔣濟也生性孤直，對於國事敢言直諫。『景初中外勤征役，內務宮室，怨曠者多。』蔣濟曾上疏痛論這種勞民傷財的政策，不當主張息兵務農，與民休息，這不是那些趨炎附勢的政客們做得到的。當日一般言法術的政治家專任權謀，輕改法度，蔣濟本着他的重人輕法的政治思想，對於他們下了激烈的攻擊。雖說他有附黨司馬氏的嫌疑，但他爲表明心跡，辭官不做，得以善終。

在當日那種混亂的局面下，還有一個潔身自愛的杜恕，也是站在儒家立場，對當日的法術權謀，加以反抗的。杜恕是杜畿的兒子，自小就受他父親尊儒學貴德行重名節的影響，所以能在那人慾橫流的時代，卓然以儒家自立。他兩個弟弟雖都早死，都以精通經學著名。他的兒子就是那個以春秋左氏經傳集解聞名於經學界的杜預。杜恕出世，正是司馬派的全盛時代，曹爽一派已經失勢，李豐夏侯玄也沒落了，他看見這種黑暗的政治情形，自然是不滿意的。他曾幾次上疏，力言輕儒重法之弊，主張安民豐財爲治國的根本政策。他曾說：『帝王之道，莫尙乎安民，安民之術，在乎豐財。豐財者務本而節用也。今州郡牧守，咸共忽恤民之術，修將率之事。農桑之民，競干戈之業，不可謂務本。帑藏歲虛，而制度歲廣，民力益衰，而賦役歲興，不可謂節用。』又說：『今之學者，師商韓而尙法術，競以儒家爲迂闊，不周世用，此乃風俗之流弊，創業者之所致愼也.』（俱見魏志本傳）由此我們可以知道杜恕的思想，純粹是從儒家出發的.他的著作據本傳說有興性論一篇，體論八篇.現在體論還有一部份保存在羣書治要和意林內.杜氏新書（魏志本傳注引）曰：『以爲人倫之大綱，莫重於君臣，立身之基本，莫大於德行，安上理民，莫精於政法，勝殘去殺，莫善於用兵.夫禮者，萬物之體也，萬物皆得其體，無有不善，故謂之體論.』由此我們可以知道他的體論，是以德行禮義爲其中心點的了.

他堅決地主張法爲人所用，不是人爲法所制.法是死的，人是活的.用死法治活人，結果只是壓服和變亂，永遠達不到和平與大同.無論如何，人在法之上，法在人之下.有了好人，什麼壞法都可以弄得好，有了惡人，什麼好法都要變壞.可知治亂之由，不在法而在人.人是醫生，法是針藥.針藥是死的，醫生是活的.病狀是相同的，庸醫用同樣的針藥可以殺人，明醫用同樣的針藥，可以活命.可知分別不在針藥，而在醫生的賢愚了.這一點是儒家的人治反對法家的法治的最大理由，也是最好的理由.所以儒家主張世有亂人而無亂法.杜恕在體論中說：『若使法可專任，則唐虞可不須稷契之佐，殷周無貴伊呂之輔矣.』這就是法輕人重的意思.他批評古代的法治說：『子產相鄭而鑄刑書，偸薄之政自此治矣.逮至戰國，韓任申子，秦用商鞅，連相坐之法，造參夷之誅.至於始皇，兼吞六國，遂滅禮義之官，專任刑罰，而奸邪並生，天下叛之.高祖約法三章，而天下大悅.及孝文即位，躬修玄默，論議務在寬厚，天下化之，有刑厝之風.至於孝武,徵發煩數,百姓虛耗.窮民犯法,酷吏擊斷,姦宄不勝.於是張湯趙禹之屬,條定法令,轉相比況,禁固積密,文書盈於機格,典者不能偏覩,姦吏因緣爲市,議者咸怨傷之矣.』這是他從歷史上的事實證明法家的失敗.他又從理論上,攻擊法家說:『儉僞淺薄之士,有商鞅韓非申不害者,專飾巧辯邪僞之術,以熒惑諸侯.著法術之書,其言云尊君而卑臣.上以尊君,取容於人主,下以卑臣,得售其姦說.元首已尊矣,而復云尊之,是以君過乎頭也.股肱已卑矣,而復曰卑之,是使其臣不及乎手足也.君過乎頭,而臣不及乎手足,是離其體也.君臣離體,而望治化之洽,未之前聞也.』尊君卑臣,儒家也是主張的.儒家的尊君,要君有德行,有聰明,能審察眞僞,惜物愛民.卑臣是說臣是君主的手足,他還是有言論判斷和行動的自由.不像法家的尊卑,使君都變爲機械傀儡,臣的言論行動和判斷的自由,都被剝奪,只是死守着那套的死板的刑法.結果是君過乎頭,臣不及手足,弄到君臣離體,自然就運用不靈,所以他們要反對了.

杜恕對於任陰謀詐力的術家,覺得比法家更要壞.以祕密取巧,以手段制勝,就是偶爾成功,也不是治國爲人的正道.他說:『術家以明主之道,外御羣臣,內疑妻子,其引證連類,非不辯且悅也.然不免於利口之覆國也.……夫銜名好術之主,皆曰爲君之道,凡事當密.人主苟密,則羣臣無所容其巧,而不敢怠於職,此卽趙高之敎二世,不當聽朝之類也.……人主以此匿病飾非,而人臣反以之竊寵奪權,疑似之間，可不察歟？』這種勾心鬥角用祕密手段的術家，在儒家的眼裏自然是看不起，但在政治上恐怕是免不了的．古代的不要說，就是今日的國際政治局面，這種術法是更其巧妙，更其進步，運用得也更其靈活了．

法術家本不足取，加以當日那些假法家的惡劣行爲，杜恕看了自然更不滿意．他說：『今之從政者，稱賢聖則先乎商韓，言治道則師乎法術．法術之御世，有似鐵轡之御馬，非必能制馬也，適所以梏其手也．……夫三代之亡，非其法亡也．御法者非其人也．苟得其人，王良造父能以腐索御奔駟，伊尹太公能以敗法御捍民．苟非其人，不由其道，索雖堅，馬必敗，法雖明，民必叛．奈何萬乘之主，釋人而任法哉？』法沒有變而國有治亂興衰者，實由於人．一樣一根鞭子一副繮繩，你騎馬騎得好，他騎馬騎得不好，這不能怪鞭子和繮繩，只能怪騎馬的人了．儒家對於政治改善，着重在人的方面，就是由於這個理由．因此，他的政治思想歸到德化禮治的結論來．以禮代刑，以德化代法術．要這樣才可達到眞正的政治理想．故他說：『德之爲政大矣，而禮次之也．夫德禮也者，其導民之具歟？太上養化，使民日遷善而不知其所以然，此治之上也．其次使民交讓，處勞而不怨，此治之次也．其下正法，使民利賞而勸善，畏刑而敢爲非，此治之下也．……善御民者，壹其德禮，正其百官，齊民力，和民心，是故令不再而民從，刑不用而天下化治．所貴聖人者，非貴其隨罪而作刑也，貴其防亂之所生也．』儒家的思想，偏重在同情感化方面．同情感化的最後結果，是刑法永遠達不到的。法家頂多做到民免而無恥，儒家是想達到有恥且格的地步。

這一種德化仁術的唯心理論，到了晉朝的傅玄袁淮，才加以物質條件的補足。他們深知道滿口講禮樂仁義，以德化民，這理想雖是極高，但不能不注意民生問題。一個人在衣食問題未解決之前，你用仁術也不行，用刑法也是不行的。管子說：『倉廩實而知禮節，衣食足而知榮辱。』這才算是觸到了政治問題的核心。孟子也說過恆產恆心的話。世上沒有餓着肚皮凍着身子講仁義道德的人，就是孔子也要設法找飯吃。傅玄之可貴，就是在他的政治思想內，注意到民生問題與經濟的建設。他覺得在談德治法治之前，先得把小百姓的衣食問題解決。這個根本問題不解決，任何政治理論都沒有出路。他的經濟政策，分爲三點。一是壓制商業，二是改善農業，三減輕賦役。

商業在秦漢已逐漸發達，富商俱以資本收買土地，操縱物價，而成爲大地主，與貧窮的農民階級對立。這些大地主勾結貴族巨官，可以升官執政，過着最奢侈的豪富生活，而農民生活日益窮困，農村趨於破產。但中國以農民爲主體，欲改善社會生活，首先須從壓制商業下手。傅玄在傅子中的檢商賈篇說：

『夫商賈者，其人可甚賤，而其業不可廢。蓋衆利之所充，而積僞之所生，不可不審也。……及秦亂四民而廢常賤，競逐末利而棄本業，苟合壹切之風起矣．於是士樹姦於朝，賈窮僞於市，臣挾邪以內其君，子懷利以詐其父．一人唱欲而億兆和，上逞無厭之欲，下充無極之求，都有專市之賈，邑有傾世之商，商賈富乎公室，農夫伏於隴畝而墮溝壑．上愈憎無常之好以徵下，下窮死而不知所歸．哀夫！且末流濫溢而本源竭，纖靡盈市而穀帛罄，其勢然也．』（羣書治要四九）

在一千七百年前，傅玄已注意到資本階級與無產者的鬥爭，成爲政治混亂的根源，這種眼光是可佩服的．富豪商賈集中資本，剝奪農民工人的利益，過着奢侈淫慾的生活，無產者終年流着血汗，連衣食還得不着滿足，社會如何能安定，政治如何有光明的出路．故他又說：

『上之人不節其耳目之欲，殫生民之巧，以極天下之變．一首之飾，盈千金之價，婢妾之服，兼四海之珍，縱欲者無窮，用力者有盡，用有盡之力，逞無窮之欲，此漢靈之所以失其民也．上欲無節，衆下肆情，淫奢並舉，而百姓受其殃毒矣．嘗見漢末一筆之押，雕以黃金，飾以和璧，綴以隨珠，發以翠羽，此筆非文犀之植，必象齒之管，豐狐之柱，秋兔之翰，用之者必被珠繡之衣，踐雕玉之履．由是推之，其極靡不至矣．』（羣書治要四九）

他所敍述的這種窮奢極慾的情形，不僅漢末如此，其實魏晉尤有過焉．我們只要看看麋竺、何曾、王愷、羊琇、賈謐、石崇他們的生活，就可知道他們的奢侈程度，遠在桓靈時代以上了．這些人不是以貪官聚財，便是以商賈起家．好像石崇的父親是以販鐵成巨富，麋竺是當時有名的富商．

『糜竺用陶朱計術，日益億萬之利，貲擬王家，有寶庫千間……設大珠如卵，散滿於庭，謂之寶庭。後輸其財物以助先主，黃金一億斤，錦繡氈罽，積如丘壟，駿馬萬匹。及蜀破後，無復所有，飲恨而終。』（拾遺記卷九）

像這種大資本的商人，幾乎在現在的中國也還少有。所以他能夠憑着經濟的力量，同劉備結合，把妹妹嫁給他，自己再來找政權奪地盤。至於石崇家的財產，更令人驚駭，我們只要看看他的本傳和拾遺記，便可略知大概了。這些人不必說，就是以曠達相尚名士自高的王戎王衍的家庭，有那麼多的財產，就可知晉代貴族的貪污奢侈，是一般的情形了。傅玄處在這個時代，眼看見商業資本的膨脹，貴族富賈生活的淫佚，農民伏於隴畝，而得不着飽暖，自然是要主張重農賤商的政策的。故他說：

『故君宜止欲而寬下，急商而緩農，貴本而賤末，朝無蔽賢之臣，市無專利之賈，國無擅山澤之民。一臣蔽賢，則上下之道壅；商賈專利，則四方之資困；民擅山澤，則兼并之路開。兼并之路開，而上以無常役，上賦一物，非民所生，而請於商賈，則民財暴賤。民財暴賤，而非常暴貴，非常暴貴，則本竭而末盈。末盈本竭，而國富民安，未之有矣。』（同上）

他在陳時務疏內又說：

『貴農賤商，而天下之穀可以無乏矣。夫家足食，爲子則孝，爲父則慈，爲兄則友，爲弟則悌。天下足食，則仁義之教，可不令而行也。』（漢魏百三名家集）

這正是管子所說的『倉廩實而知禮節』的意思。根本的民食問題解決了，才可進一步談教育

法律和政治對於促進農業他提出幾個具體的方案一寓兵於農二減輕田租三設官管理四整頓水利這些他都說得很詳細這裏也不必多引了

限制商業防止大資本家的剝削農民促進農業解決窮困的民生其次就是輕賦稅省徭役可以使民安居樂業各得其所故他說『昔先王之興役賦所以安上濟下盡利用之宜是故隨時質文不過其節計民豐約而平均之使力足以供事財足以周用……上不興非常之賦下不進非常之貢上下同心以奉常教民雖輸力致財而莫怨其上者所務公而制有常也秦幷海內遂滅先王之制行其暴政內造阿房之宮繼以驪山之役外築長城之限重以百越之戍賦過大半傾天下之財不足以盈其欲役及閭左竭天下之力不足以周其事於是蓄怨積憤同聲而起陳涉項梁之儔奮劍大呼而天下之民響應以從之驪山之基未閉而敵國已收其圖籍矣』（羣書治要四九）國民本有納稅當差的義務在必要的時候人人應當出錢出力若一味橫征暴歛窮兵黷武百姓如何能夠負擔像秦皇那樣的亂政自然是『傾天下之財不足以盈其欲竭天下之力不足以周其事』了力盡財窮國家的命運當然是無法維持了

民生問題解決了始可進而談政教在爲政方面他主張德法並用在教方面是要興學重儒人民有了知識才懂得禮義才知道守法故傅玄第一步是注重民生第二步是注重教育由教育普及可以

達到民智的開發與品格的陶養．他說：『儒學者王教之首也．尊其道，貴其業，重其選，猶恐化之不崇，忽而不以爲急，臣懼日有陵遲而不覺也．仲尼有言人能弘道，非道弘人．然則尊其道者，非惟尊其書而已，尊其人之謂也．貴其業者，不妄教非其人也．重其選者，不妄用非其人也．若此而學校之綱舉矣．』（同上）這一點比起法家的思想要博大深遠得多．法家是反對知識的，怕百姓有了知識，要發出反對政府的思想和言論，搖動社會，擾亂國家的治安．所以法家所講的是道能弘人，非人弘道，這道的意思，自然變爲法的道了．傅玄還有一點特識，便是注意到尊儒道者，非惟尊其書而已．尊書忘道，是中國二千餘年來的儒家的大毛病．以儒名家者，一天到晚是那幾本經書，訓詁注疏的工作，今文古文的爭辯，不知道費了許多紙筆，費了許多光陰，結果是對於實際的政治人生，一點沒有用處．他們幾乎全部忽略了儒家的思想．有的是咬文嚼字，有的是言心論性，一是迂腐，一是空虛，於實際的社會人生沒有什麽用處．難怪法術家們說儒家是頭腦胡塗，要看得一錢不值了．傅玄覺得漢代那些皓首窮經，一章半句動輒就是數萬言注解的儒者，只是沒有頭腦的經師，並不是儒家．眞正的儒家，不僅是尊那幾本經書，是要隨時因變，表現着治國安民的思想的．在這一點，傅玄算是儒家內面最有見識的革新派了．

民生教育問題解決了，再加以德刑合一的政策，則國可治，民可安矣．他認爲專以德化，則民不畏，專以法威，則民不愛．他說：『末儒見峻法之生叛，則去法而純仁．偏法見弱法之失政，則去仁而任法，世輕世重，恆失其中也.』可知到了傅玄，是儒法的折衷派，取其所長，去其所短，得着『禮法殊塗而同歸，賞刑遞用而相濟』的結論，這確是一種大進步.故他又說：

『善治民者，開其正道，因所好而賞之，則民樂其德也.塞其邪路，因所惡而罰之，則民畏其威矣.善賞者賞一善而天下之善皆勸，善罰者罰一惡而天下之惡皆懼者，何？賞公而罰不貳也.有善雖疏賤必賞，有惡雖貴近必誅，可不謂公而不貳乎.若賞一無功，則天下飾詐矣.罰一無罪，則天下懷疑矣.是以明德愼賞而不肯輕之，明德愼罰而不肯忽之.夫威德者相須而濟者也.故獨任威刑而無德惠，則民不樂生，獨任德惠而無威刑，則民不畏死.民不樂生，不可得而敎也.民不畏死，不可得而制也.有國立政，能使其民可敎可制者，其惟威德足以相濟乎？』

老子所說的『小國寡民，老死不相聞問』的理想社會，恐怕永遠是一種幻想.所以我們不能不追求另一階段.這階段便是民樂生而可敎，民畏死而可制的人法合治的局面.傅玄看得很清楚，知道德惠刑威是爲政者的兩個基本原則.這兩點須相輔而行，不可偏廢.但他承認德惠是根本，刑法是枝末.若棄根本而重枝末，則必得亡國之禍.故他說：『商君始殘禮樂，至乎始皇，遂滅其制，賊九族，破五敎，獨任其威刑酷暴之政，內去禮義之敎，外無列國之輔，日縱桀紂之淫樂，君臣競留意於刑書，雖荷戟百萬，石城造天，身死未收，姦謀內發，而太子已死於外矣.二年而滅，曾無盡忠效節之臣以救其難，豈非敬義不立，和愛先亡之禍也哉？』

由此觀之，傅玄在當代的儒家中，算是最傑出的人才了。他的政治學說，建立在三個穩固的基礎上。這三個基礎便是改善民生普及教育和人法合治。他沒有偏重唯心或是偏重唯物的弊病。偏重唯心，難免空虛，偏重唯物，難免機械。他能採取唯心唯物論者的長處，而構成他那一套最完善的政治理論，實在是難得的。他在一千七百年前，便提出資本家的剝削貧民，壓迫無產階級，將成爲社會上最嚴重問題。於是他大聲疾呼，叫爲政者要從這方面下手，更非一般人所能見到。他認淸了社會上一切的弊病，由於經濟組織之不良所產生，正與現代馬克司派的社會經濟學者的理論，暗相吻合。日本哲學家渡邊秀方說：『傅玄以爲經國政治之道，爲在抑制資本階級的私欲，及在於增加保護生活必需品的生產者的主張，可以說是拔時流的卓見。』（中國哲學史槪論）這話是不錯的。所以當日傅玄的兒子將他父親的著作送給王沉看。王沉寫信給傅玄說：『省足下所著書，言富理濟，經綸政體，存重儒教，足以塞楊墨之流遁，齊孫孟於往代。每開卷未嘗不歎息也。不見賈生，自以過之，乃今不及，信矣。』（晉書本傳）可知傅玄的著作，在當日已很受人尊重了。他的著作很富。本傳說：『撰論經國九流及三史故事，評斷得失，各爲區例，名爲傅子，爲內外中篇，凡有四部六錄，合百四十首，數十萬言，幷文集百餘卷行於世。』他的作品，大部都已散失，我們現在所見到的，只是零篇斷簡，這是極可惜的事。

在晉朝除了傅玄以外，站在儒家的立場，發表有力的政見的，還有一個袁淮。袁淮的生平雖不十分淸楚，但他的袁子正書，還有一部份保存在羣書治要內，他的思想，有些地方與傅玄是不謀而合，看他評論儒法二家說：

『夫仁義禮制者，治之本也，法令刑罰者，治之末也，無本者不立，無末者不成，夫禮敎之治，先之以仁義，示之以敬讓，使民遷善日用而不知也，儒者見其如此，因謂治國不須刑法。不知刑法承其下，而後仁義與於上也，法令者賞善禁淫，居治之要會，商韓見其如此，因曰治國不待仁義，不知仁義爲之體，故法令行於下也，是故導之以德，齊之以禮，則民有恥，導之以政，齊之以刑，則民苟免，是治之貴賤者也，先仁而後法，先敎而後刑，是治之先後者也，夫遠物難明，而近理易知，故禮讓緩而刑罰急，是治之緩急也，夫仁者使人有德，不能使人知禁，禮者使人知禁，不能使人必仁，故本之者仁，明之者禮也，必行之者刑罰也，先王爲禮，以達人之性理，刑以承禮之所不足，故以仁義爲不足以治者，不知人性者也，是故失敎，失敎者無本也，以刑法爲不可用者，是不知情僞者也，是故失威，失威者不禁也，故有刑法而無仁義，久則民忽，民忽則怒也，有仁義而無刑法，則民慢，民慢則奸起也，故曰本之以仁，成之以法，使兩通而無偏重，則治之至也，夫仁義雖弱而持久，刑殺雖强而速亡，自然之治也，』（禮政篇）

他在這裏把仁義與刑法的利弊貴賤先後急緩等問題都談到，並且說得透澈合理，而且公正，可知他在這方面是有卓越的眼光，不爲某派思想的成見所束縛，而能說出這種公平的意見，對於解決民生爲治國之本，他也有很具體的見解，他說：

『明主知爲國之不可以不富也，故率民於農．富國有八政．一曰儉以足用，二曰時以生利，三曰貴農賤商，四曰常民之業，五曰出入有度，六曰以貨均財，七曰抑談說之士，八曰塞朋黨之門．夫儉則能廣，時則農修，貴農則穀重，賤商則貨輕，有常則民壹，有度則不散，貨布則并兼塞，抑談說之士，則百姓不淫，塞朋黨之門，則天下歸本．知此八者，國雖小必王，不知此八者，國雖大必亡矣．』（治亂篇）

他這裏所講的，與傅玄所提出來的經濟政策，不約而同．可知當日的民生問題非常嚴重，不容許讀書人不直面現實，而只耽於理想，空講其唯心的學說了．由這一點看來，我們可以知道魏晉儒家的思想，有一個很明顯的差別．魏代儒者只一味攻擊法治，高談仁術德化，而忽略了最重要的民生問題．到了晉朝，確認經濟政策爲治國之本，將儒法二家的精神調和起來，成爲賢人法治說，這不能不說是晉代儒家思想的進步，眼光的廣大了．

三 道家思想

對於魏晉時代流行的法術政治，表示反抗的儒家學說，在上面已略略說過了．現在要說的，是基於道家的立場，所表現的無爲政治的思想．這一派人的代表，魏有王弼，晉有向秀郭象．

儒家以人的心力爲中心，道家是以自然法則爲中心．儒家相信用人的心力，可以改造社會治理國家，道家則認爲人心人力都是損物傷性的禍根，無論治國治人，都只有壞處，沒有好處。孔子說的『人能弘道，非道弘人』與老子說的『人法地，地法天，天法道，道法自然』正是這兩派思想根本的差別。老子的最高理想是『小國寡民，老死不相聞問』的社會，這個社會正像一個自然的森林。那裏有參天的松柏，有滿地的綠草，有桃李，有修竹。草木昆蟲，應有盡有。他們都是各得其生，各得其所。無善惡美醜之分，無長短夭壽之別。自然而生，自然而死。然而那森林是有生命有秩序。並沒有飢餓，也沒有禮法，只有一個自然的法則，一切都在順着那個法則進行。若一加以人工，則許多草木必送掉性命，枝葉必加以剪伐，那森林原有的秩序與生命就被破壞了。所以道家反對一切的人工，文物制度，仁義禮法等等，他認爲都是傷生損性的東西。老子主張『絕聖棄智，絕仁棄義，絕巧棄利，絕學無憂，見素抱樸，少私寡欲，』就是這個原因。故他說：『我無爲而民自化，我好靜而民自正，我無事而民自富，我無欲而民自樸。』道家的理想，是要民自化自正自富自樸。儒家是使之化，使之正，使之富，使之樸。一個是出於自然，一個是出於人力。

道家這種思想，每每出現於民不聊生的亂世。一個人對於現實社會完全絕望，對於文物制度表示厭惡，生命完全失去保障的時候，他的思想常是反動的。我們試看戰國秦漢之際，和魏晉時代，都適合於產生道家思想的環境。在這種環境裏，什麼人都有一種『請你少管我，我想過一點淸靜的自然生活』的心情就是曹丕做了皇帝，他也有這種心情，總覺得多一事不如少一事，所以息兵緩刑，想做到漢文帝時代的無爲政治，但是環境不容許他，他是失敗了。

王弼的政治思想，正是發揮老子的無爲學說。無爲的眞意義，便是自己不要故作聰明，運用智巧，只是順道而行，以自然爲法，萬物便可以各得其所。故他說：『道不違自然，乃得其性。法自然者，在方而法方，在圓而法圓，於自然無所違也。自然者，無稱之言，窮極之辭也。用智不及無知，而形魄不及精象，精象不及無形，有儀不及無儀，故轉相法也。』（老子注）因此我們可以知道，無爲便是不違反自然，方的法方，圓的法圓，千萬不要用人的心力去反抗自然的法則。一有反抗，便損物傷性了。他說：

『不塞其原，則物自生，何功之有？不禁其性，則物自濟，何恃之有？』（老子注）

『萬物以自然爲性，故可因而不可爲也，可通而不可執也。物有常性，而造爲之，故必敗也。物有往來而執之，故必失矣。』（同上）

『聖人達自然之至，暢萬物之情，故因而不爲，順而不施，除其所以迷，去其所以惑，故心不亂，而物性自得之也。』（同上）

物爲什麼能自生，爲什麼能自濟，這都是由於自然性，並不是出於人力。這種自然性，是可因而不可爲，可通而不可執的。聖人當政，就要明瞭這一點，因之順之，達之暢之，萬物就可走上自生自濟的路，一有所施爲，便有失敗和損傷了．那麽自然之性爲什麽是可因而不可爲可通而不可執的呢？他說：

『夫以明察物，物亦競以其明應之．以不信察物，物亦競以其不信應之．夫天下之心不必同，其所應不敢異，則莫肯用其情矣．甚矣害之大也，莫大於用其明矣．夫在智則人與之訟，在力則人與之爭．智不出於人而立乎訟地則窮矣．力不出於人而立乎爭地則危矣．未有能使人無用其智力乎己者也．如此則己以一敵人，而人以千萬敵己也．若乃多其法網，煩其刑罰，塞其徑路，攻其幽宅，則萬物失其自然，百姓喪其手足．鳥亂於上，魚亂於下．是以聖人之於天下，歙歙焉心無所主也．爲天下渾心焉，意無所適莫也．無所察焉，百姓何避？無所求焉，百姓何應？無避無應，則莫不用其情矣．』（老子注）

這就是說，你用聰明智巧對付人，人也要用聰明智巧對付你，你用武力刑威壓迫人，人也要用暴力反抗你．你也有爲，他也有爲，大家就無所不爲，從這裏便生出爭奪殘殺權謀詐力虛僞和罪惡，於是社會人心日趨於紊亂，無法挽救了．到了這種局面，儒家的德化，法家的法治，都無能爲力．他認爲仁義禮法，都是有爲，都是反自然性的表示．所以說『失德而後仁，失仁而後義，失義而後禮，禮者忠信之薄而亂之首也．』他覺得道是母，仁義禮法是子．善爲政者奉自然之道而行，而仁義禮法都包含在裏面，無須人力的提倡和創作．故他說：『守母以存其子，崇本以奉其末，則形名俱有而邪不生．大美配天而華不作．故母不可遠，本不可失．仁義母之所生，非可以爲母，形器匠之所成，非可以爲匠也．捨其母而用其子，棄其本而適其末，名則有所分，刑則有所止．雖極其大，必有不周；雖極其美，必有憂患．功在爲之，豈足處也．』（老子注）他覺得儒法二家爲政的錯誤，便是捨母用子，棄本逐末．日夜鈎心鬭角，講仁義，講禮法，結果是社會紊亂，人慾橫流，一點好處也沒有．這便是表示有爲政策的失敗．因此他把順性達情的無爲政治稱爲上德，把講仁義禮法的有爲政治稱爲下德．他批評上德和下德說：

『何以得德，由乎道也．何以盡德，以無爲用．以無爲用，則莫不載也．故物無焉，則無物不經，有焉則不足以免其生．是以天地雖廣，以無爲心，聖王雖大，以虛爲主．故曰以復而視，則天地之心見，至日而思之，則先王之至覩也．故滅其私而無其身，則四海莫不瞻，遠近莫不至，殊其己而有其心，則一體不能自全，肌骨不能相容．是以上德之人，唯道是用，不德其德，無執無用．故能有德而無不爲，不求而得，不爲而成，故雖有德而無德名也．下德求而得之，爲而成之，則立善以治物，故德名有焉．求而得之，必有失焉，爲而成之，必有敗焉．善名生，則有不善應焉．故下德爲之而有以爲也．無以爲者，無所偏爲也．凡不能無爲而爲之者，皆下德也．仁義禮節是也．』（老子注）

上德是無爲而無不爲，下德是爲之而有以爲．無論在方法態度上，都有這麼大的差別．所以人民對於這種治術所起的反應，也就不同了．老子說：『太上，下知有之，其次親而譽之，其次畏之，其次侮之．』王弼解釋說：

『大人在上，居無爲之事，行不言之敎，萬物作焉而不爲始，故下知有之而已．其次不能以無爲居事，不言爲敎，立善行施，使下得親而譽之也．其次不復能以恩仁令物，而賴威權也．再次不能以法正齊民，而以智治國，下知避之，其令不作，故曰侮之也．』（老子注）

這裏所說的大人就是上德之君，也就是道家理想的政治領袖，因爲他能順自然之性，暢萬物之情．民生安居樂業，只知道有一個君主而已．其次以下都爲下德．立善行施，似乎是儒家，畏民以威，似乎是法家，以智巧治國，似乎是術家，術家最下，所以小民逃避而輕侮之了．因此上德之君，並不貴賢，賢人有能，因而用之，正順其性也，有何可貴．如馬可以騎，蛋可以吃，有什麼稀奇．故他說『唯能是任，尚也曷爲．唯用是施，貴之何有．』（老子注）又說『夫無私於物，唯賢是與，則去之與來，皆無失也．』（周易注）賢就是能，不尚賢，不是不用賢，是不以賢爲可貴而尊尚之的意思．『唯能是任，爲賢是與，』這是道家無爲政治內最重要的一點．在道家的眼裏，賢能既不可貴，仁義既失其用，那麼刑法智巧，更是損物傷性的東西，非加以嚴厲的排擊不可了．故王弼說：

『不能以謙致物，物則不附，忿物不附，而用其壯猛，行其威刑，異方愈乖，遐邇愈叛，刑之欲以得，乃益所以失也．』（老子注）

『清靜無爲謂之居，謙後不盈謂之生．離其清靜，行其躁欲，棄其謙後，任其威權，則物擾而民僻．威不能復制民，民不能堪其威，則上下大潰矣．』（老子注）

『多智巧詐故難治也。民之難治，以其多智也。當務塞兌閉門，令無知無欲。而以智術動民，邪心旣動，復以巧術防民之僞；民知其術，防隨而避之，思惟密巧，奸僞益滋。故曰以智治國，國之賊也。』（老子注）

可知道家理想的政治，是要達到『清靜自正，無爲自化。』『功成事遂，百姓皆謂我自然』的地步。這種政治思想我們可以名之爲無治主義。

王弼所講的無爲政治，到了向秀郭象，講得較爲具體，較爲合理了。由消極的變爲積極的，由模糊的變爲明顯的，由抽象的變爲具體的了。他們首先解釋無爲說：

『夫治之由乎不治，爲之出乎無爲也。取於堯而足，豈借之許由哉？若謂拱默乎山林之中，而後得稱無爲者，此老莊之談所以見棄於當塗。當塗者自必於有爲之域而不反者，斯之由也。』（逍遙遊注）

『無爲者非拱默之謂也。直各任其自爲，則性命安矣。不得已者，非迫於威刑也。直抱道懷朴，任乎必然之極，而天下自賓也。』（在宥篇注）

『或聞任馬之性，乃謂放而不乘；聞無爲之風，遂云行不如臥，何其生而不返哉？』（馬蹄篇注）

他先解釋無爲的眞意義，不是不作事。若眞是不作事，如何能無爲而無不爲呢？他覺得當日誤解『無爲』爲拱默，『放馬不乘，行不如臥』的任性的無爲思想，全是不合理的退化觀念，非加以排擊不可。無爲政治的眞義，是要君主少私寡欲，不必故事矯飾，賣弄智巧，做出種種損物傷性勞民傷財的事體使百官各盡其能，萬民各安其業，就可以達到國治民安的地步了．

『夫善御者將以盡其能也．盡能在於自任，而乃走作馳步，求其過能之用，故有不堪而多死焉．若乃任駑驥之力，適遲疾之分，雖則足迹接乎八荒之表，而衆馬之性全矣．……世以任自然而不加巧者為不善於治也，揉曲為直，厲駑習驥，能為規矩以矯拂其性，使死而後已，乃謂之善治也，不亦過乎？』（馬蹄篇注）

『任自然而不加巧，』是無為政治的最好解釋．一加智巧，必然走到揉曲為直，厲駑習驥的路上去，結果是『矯拂其性，死而後已，』這如何能稱為善治呢？曲直駑驥雖不同，然他們各有其能，各有其用；善為政者，識其能，因其性，置之於適用之地，使他充分地去發展他的個性，成績自然要比『揉曲為直，厲駑習驥』的好得多．萬物萬民無不各有其能，各有其用，惟待為政者之善用善致而已．善用善致，就是善於用物．人要用物，不能為物所用．

『不能用物而為物用，卽是物耳，豈能物物哉？不能物物，則不足以有物矣．夫用物者，不為物用也．不為物用，斯不物矣．不物故物天下之物，使各自得也．』（在宥篇注）

好的政治領袖，便是善於用物．善於用物，則物各得其用，各展其才．因衆之自為，不以一己而專制天下，則天下四通八達，無不自化自得了．

『夫以蜘蛛蛣蜣之陋，而布網轉丸，不求之於工匠，則萬物各有能也．所能雖不同，而所習不敢異，則若巧而拙矣.故善用人者使能方者爲方,能圓者爲圓.各任其所能,人安其性,不責萬民以工倕之巧,故衆技以不相能似拙,而天下皆自能,則大巧矣.夫用其自能,則規矩可棄而妙匠之指可攦也.』(胠篋篇注)

『庖人尸祝各安其所司,鳥獸萬物各足於所受,帝堯許由各靜其所遇,此乃天下之至實也.各得其實,又何所爲乎哉?自得而已矣.』(逍遙游注)

爲政的人知道物各有用,人各有能的道理,知道任其才安其性的好處,只要把各種事業派給各種人去做,天下就太平了.故他說:

『有人者有之以爲己私也.見有於人者爲人所役用也.雖有天下,皆寄之百官,委之萬物而不與焉.斯非有人也.因民任物而不役己,斯非見有於人也.』(山木篇注)

『夫民之德小異而大同.故性之不可去者,衣食也.事之不可廢者,耕織也.此天下之所同而爲本者也.守斯道者,無爲之至也.』(馬蹄篇注)

『夫無爲也,則羣才萬品各任其事,而自當其責矣.故曰巍巍乎舜禹之有天下而不與焉,此之謂也.』(天道篇注)

百官各盡其能,萬物各適其用.耕田的耕田,織布的織布,庖人治庖,尸祝的尸祝.君主不要去干涉去侵害,使羣才能發展其個性,萬品得以安性樂生,那就是理想的無爲政治.

『夫在上者患於不能無爲，而代人臣之所司，使咎繇不得行其明斷，后稷不得移其播殖，則羣才失其任，而主上困於役矣．故冕旒垂目而付之天下，天下皆得其自爲，斯乃無爲而無不爲者也．故上下皆無爲矣．但上之無爲則用下，下之無爲則自用也．』（天地篇注）

無爲政治的方法是『上則用下，下則自用，』但在這個用下自用之間，爲君者萬不能加以干涉的侵害或是越權的行爲．一有這種行爲，無爲政治就會失敗的．故他們說：

『主上不爲冢宰之任，則伊呂靜而思尹矣．冢宰不爲百官之所執，則百官靜而御事矣．百官不爲萬民之所務，則萬民靜而安其業矣．萬民不易彼我之所能，則天下之彼我靜而自得矣．故自天子以下，至於庶人，下及昆蟲，孰能有爲而成哉，是故彌無爲而彌尊也．』（天地篇注）

『夫工人無爲於刻木，而有爲於用斧，主上無爲於親事，而有爲於用臣．臣能親事，主能用臣．斧能刻木，而工能用斧．各當其事，則天理自然，非有爲也．若乃主代臣事，則非主矣．臣秉主用，則非臣矣．故各司其任，而上下咸得，而無爲之理至矣．』（天道篇注）

不僅君主不能干涉臣民侵害臣民，就是臣民自己，彼此也不能互相侵越，才可以各司其任，各展其能，始可達到自得自安的理想．君的責任是用臣，臣的責任是親事．君臣無所謂尊卑，也無所謂主僕．正如一個身體有首足四肢，彼此調和，彼此御用，才可形成一副靈活的機構．如果以爲首是尊，足是卑，頭腦是主，四肢是僕，便是一種錯誤．君臣最好的現象，是要做到『若手足耳目四肢百體，各有所司而更相御用』的程度．他們在天運篇注中說：『聖人在上，非有爲也．恣之使各自得而已耳．自得其爲，則衆務自適，羣生自足，天下安得不各自忘我哉？各自忘矣，主其安在哉？斯所謂兼忘者也．』君民的自生自適，自用自運，能達到彼此兼忘的地步，可以說是無爲政治的最高成就了．

關於儒家所提倡的仁義，他們認爲是無用的．仁義愈是提倡，不仁不義的事愈是多．提倡仁義的結果，便是教人去作壞事．因爲他們認爲仁義這些東西，是人類的本性，你只要順性達情，他就會自然而然的表現出來．故他們說：『仁義自是人情也．而三代以下，橫共囂囂，棄情逐末，如將不及，不亦多憂乎．』（駢拇篇注）又說：『夫仁義者，人之性也．有爲則非仁義也．』（天運篇注）又說：『仁義既行，將僞以爲之．仁義可見，則夫貪者將假斯器以獲其志矣．』（徐無鬼注）又說：『夫與物無傷者，非爲仁也，而仁迹行焉．令萬理皆當者，非爲義也，而義功見焉．故當而無傷者，非仁義之招也．然而天下奔馳，棄我殉彼，以失其常．故亂心不由於醜而恆在美色，撓世不出於惡而恆由仁義，則仁義者撓天下之具也．』（駢拇篇注）他的意思是說人類本有『當而無傷』的仁義本性，只要順其本性，它便可以發揚光大．你不必故意去提倡獎勵，提倡獎勵的結果，大家知道仁義的好處，虛僞奸詐罪惡都由此而起了．善者因殺身成仁捨身取義以傷生，惡者假此仁義的美名而無所不爲以獲其志了．故他們說：『謂仁義爲善，則損身以殉之，此於性命，還自不仁也。身且不仁，其如人何？故任其性命，乃能及人。及人而不累於己，彼我同於自得，斯謂善也。』（駢拇篇注）無論是損身傷生以殉仁義，或以仁義之名作惡爲非，他們都是同樣的不贊成。

關於禮法；他們也和仁義的意思大略相同。承認自然的眞禮法，反對那種重形式反人情的假禮法。大宗師注中說：『夫知禮義者，必遊外以經內，守母以存子，稱情而直往也。若乃矜乎名聲，牽乎形制，則孝不任誠，慈不任實，父子兄弟，懷情相欺，豈禮之大意哉？』儒家定的那些繁文縟禮，實在就是犯了只重形式不重人情的弊病。『孝不任誠，慈不任實，』批評得最切實最深刻。這種虛僞的形式，要束縛一個活躍的人生，使他的精神行動都失去自由，實在是無理之極，難怪魏晉時代的名士，對於禮教是那麼用力的破壞了。這些東西都是那些聖人賢人弄出來的，其結果只是一套虛僞的形式。故他們說：『夫聖迹既彰，則仁義不眞，而禮樂離性，徒得形表而已。有聖人，即有斯弊，吾若是何哉？』（馬蹄篇注）又說：『若夫法之所用者，視不過於所見，故衆目無不明；聽不過於所聞，故衆耳無不聰；事不過於所能，故衆技無不巧；知不過於所知，故羣性無不適；德不過於所得，故羣德無不當。安用立所不逮於性分之表，使天下奔馳而不能自反哉？』（胠篋篇注）形式上的禮法，既然只有壞處，沒有好處，所以要反對它。但在自然法則中，還有一套合乎人情的禮法，却是必要的。這種禮法，無須提倡獎勵，人人知道，也都做得到有了兒女，父母自然會愛他，父母死了，兒女自然會悲哀。你作了惡事，自然要受處罰，做了善事，自然要受讚美。他們認爲這些都是人類的本性，無須加以教訓的。故他們說：

『刑者治之體，非我爲。禮者世之所以自行耳，非我制。知者自時之動，非我唱。德者自彼所循，非我作。任治之自殺，故雖殺而寬。順世之所行，故無不行。夫高下相受，不可逆之流也。小大相羣，不得已之勢也。曠然無情，羣知之府也。承百流之會，居師人之極者，奚爲哉？任時世之知，委必然之事，付之天下而已。』（大宗師篇注）

這種刑禮，都是自然界的法則，不是我們自己制作的。因爲是自然界的法則，一切都得聽命於他，無所謂寬與嚴，無所謂眞與僞。『任治之自殺，故雖殺而寬。順世之所行，故無不行。』人類萬物，都得受自然法則的支配，你不能逃避，也不能反抗。可知他們所講的無爲政治，並不是不要仁義禮法，只是不要那種人爲的虛僞形式的仁義禮法而已。

在儒家內面，除了荀子以外，講政治的，無不是主張效法先王。開口堯舜周公，閉口禹湯文武。在他們的頭腦裏，覺得只有這幾個人，才眞是政治家的典型，那幾個時代，才是理想的太平盛世。向秀郭象正同莊子一樣，認爲時代永遠是變化的，社會組織文物制度，也是變化的，就是人性也是變化的。這種永遠的變化，便是永遠的進化。在永遠變化進化的過程中，先王的禮樂制度，前時代的道德觀念，都得適合這個新時代。到了新時代，應該有新時代的法則和觀念，若死守着舊時代的那一套法規，那便是退化.舊時代有舊時代的價值,新時代有新時代的意義.善爲政者應該因時制宜,因物順性,萬不可拿幾千萬年前的樹皮穿在現代人的身上,違反這個進化的新時代.對於這一點,他們曾發出很激烈的議論.

『當古之事,已滅於古矣.雖或傳之,豈能使古在今哉?古不在今,今事已變,故絕學任性,與時變化,而後至焉.』(天道篇注)

『夫先王典禮,所以適時用也.時過而不棄,即爲民妖,所以興矯效之端也.』(天運篇注)

『禮義當其時而用之,則西施也.時過而不棄,醜人也.』(同上)

『夫仁義者,人之性也.人性有變,故遊寄而過去則冥,若滯而係於一方,則見.見則僞生,僞生而責多矣.』(同上)

『法聖人者,法其跡耳.夫跡者,已去之物,非應變之具也.奚足尙而執之哉?執成跡以御乎無方,無方至而跡滯矣.』(胠篋篇注)

社會組織,人類生活,因自然的趨勢而發生變化,那我們不能死守着那一套舊的制度,以爲是無上的珍寶.那些東西適合前一個時代,所以是西施,但到這一個新時代,若不加以改變,便變爲醜女民妖了.死守着醜女民妖,便是反抗自然,損物傷性,所以他說『法聖人者法其跡耳.』法跡就是因時制宜,隨順自然的意思.若是固執舊法,一成不變,那不是法跡,便是守跡了.

王弼的無爲政治，令人覺得過於抽象空虛，無法運用．但向秀郭象的理論就切實得多了．他告訴我們，無爲不是不爲，是要做正當的事，不做那些權謀欺詐賣弄智巧勞民傷財損物傷性的事．爲君的人，少出花頭，去私寡欲，使百官各展其能，各盡其性，使百姓可以安生，可以樂業．彼此不要干涉，不要侵害，能如此，便達到了無爲政治的極致．由此，我們可以知道，名義上雖是無爲，實質上已是有爲了．在這一點，比起王弼來，向秀郭象實在已進步得多了．

四 無政府思想

由老子的淸靜無爲，莊子的逍遙齊物，再進一步就會走到無政府主義的階段．老子的『小國寡民老死不相聞問』的社會，已經到了絕對自由絕對平等的無政府狀態．不過從前道家評論政治，從沒有正式提出非君的理論來．到了晉朝的阮籍鮑敬言，才發出這種激烈的革命思想．漢末三國時代的亂政，接着就是曹氏司馬父子的篡奪，嚴刑峻法，命如鷄犬，再加以八王永嘉之亂，民生窮困，綱紀蕩然，眞是弄成了君不君臣不臣父不父子不子的黑暗局面．在這種局面下，那些寡廉鮮恥腆顏事仇的士大夫如賈充何曾之流，還在那裏大談君臣的禮法，怎麽不叫人齒冷．思想激烈一點的靑年人，自然會發出過激的革命思想了．他們看見社會的紊亂，民生的窮困，道德的墮落，秩序的動搖，無不是君權政治造成的．要澈底改造社會救濟民生，非根本推倒君權政治不可．阮籍在大人先生傳中說：

『昔者天地開闢，萬物並生，大者恬其性，細者靜其形．陰藏其氣，陽發其精，害無所避，利無所爭，放之不失，收之不盈．亡不爲夭，存不爲壽．福無所得，禍無所咎，各從其命，以度相守．明者不以智勝，闇者不以愚敗，弱者不以迫畏，強者不以力盡．蓋無君而庶物定，無臣而萬事理．保身修性，不違其紀，惟茲若然，故能長久．今汝造音以亂聲，作色以詭形，外易其貌，內隱其情，懷欲以求安，詐僞以要名．君立而虐興，臣設而詐生．坐制禮法，束縛下民．欺愚誑拙，藏智自神．強者睽眂而凌暴，弱者憔悴而事人．假廉以成貪，內險而外仁，罪至不悔過，幸遇則自矜．馳此以奏除，故循滯而不振．夫無貴則賤者不怨，無富則貧者不爭，各足於身而無所求也．恩澤無所歸，則死敗無所仇．奇聲不作，則耳不易聽．淫色不顯，則目不改視．耳目不相易改，則無以亂其神矣．此先世之所至止也．今汝尊賢以相高，競能以相尚，爭勢以相君，寵貴以相加．驅天下以趣之，此所以上下相殘也．竭天地萬物之至，以奉聲色無窮之欲，此非所以養百姓也．於是懼民之知其然，故重賞以喜之，嚴刑以威之．財匱而賞不供，刑盡而罰不行，乃始有亡國戮君潰敗之禍．此非汝君子之爲乎？汝君子之禮法，誠天下殘賊亂危死亡之術耳，而乃自以爲美行不易之道，不亦過乎？』

這一段文字，就是現在看來，也還是相當激烈的．把君臣制度先王禮法攻擊得體無完膚，認爲這些東西，都是社會致亂的根源，殘賊屠殺的起點．要使得人民安生樂命，非先把這些上下相殘的禮法制度，全部摧毀不可．在上古的太平時代，無明智，無愚闇，無強弱，無階級，大家過着達情順性的生活．因爲無君所以庶物定，因爲無臣所以萬事理．後來有了君臣，便有了貴賤；有了貴賤，便有了爭奪；有了爭奪，便想出種種禮法賞罰的規則來制止．有了這些東西，於是弊病日來日多，亡國戮君之禍就從此而生了．要免除這種禍亂，只有回到那種『無君無臣無貴無賤』的狀態去，這種狀態，便是無政府的社會．

這種無政府的非君思想，到了鮑敬言，說得更透澈了．他的生平，我們無法知道，但只曉得他和葛洪是同時代的人，因爲他們倆在文字上互相辯論過政治的意見．他的著作現在都散失了，只遺留着極小的一部份，保存在抱朴子的詰鮑篇內．從前人都以爲一國之君，是天帝特任的，所以名爲天子．既然是天之子，他是人間的最高貴者．他有無限的威權，無窮的享受，他可以爲所欲爲，人民不能反對他．反對天子，便是反對天．但鮑敬言却反對這荒謬的觀念．他以爲君主並不是天之子，只是人類中最强暴的人，因爲他强而有力，暴而好戰，所以能壓服弱者善者而自立爲王，成則爲王，敗則爲寇．君主的來源，既是如此，與天意天命有什麽相干．故他說：

『儒者曰，「天生烝民，而樹之君，」豈其皇天諄諄言，亦將欲之者爲辭哉？夫彊者凌弱，則弱者服之矣．智者詐愚，則愚者事之矣．服之故君臣之道起焉，事之故力寡之民制焉．然則隸屬役御，由乎爭強弱而校愚智，彼蒼者天，果無事也．』

他要非君，得首先把君主是天之子的宗教觀念擊破，這種觀念擊破了，君主的權威便發生動搖，他便可自由地檢討君主的罪惡而非難那種君權制度。他覺得君主對於小百姓沒有半點好處，只有壞處。

一、君主生活淫侈，不念民艱　他說：『人君採難得之寶，聚奇怪之物，飾無益之用，厭無已之求。又人君後宮三千，豈皆天意，穀帛積則民飢寒矣。』這道理說得極明顯，人人都是知道而不敢說出口的。葛洪回答的理由非常薄弱，只說堯舜並不採難得之貨，聚奇怪之物，不可一概而論，因而非君。又說人君後宮三千，是聖人定的制度。聖人與天合德，怎會有錯誤。人君後宮三千，無非是要佐六宮理陰陽。這些話他還自鳴得意，不要說現在，就是在當日也覺得是可笑極了。

二、徭賦繁重，民不聊生　他說：『人生也衣食已劇，況又加之以收賦，重之以力役，飢寒並至，民不堪命，冒法犯罪，於是乎生。』中國過去歷史上的每次革命，無一不是由於宮庭淫侈，用兵任戰，使小百姓力竭財盡，無法爲生，於是挺而走險，發生暴動的革命。秦末的陳吳，漢代的赤眉黃巾，無不是因原於此。

三、假借符瑞，欺騙人民　自己要做皇帝，或是想篡奪旁人的皇位，無不借奇符祥瑞之名，以爲出自天意，藉以掩飾人民的耳目。自高祖斬白蛇起，王莽篡漢，光武中興，再接着曹氏司馬二家的禪讓，轉來轉去，都是這一套把戲．無智識的愚民或可受騙，有頭腦的青年如鮑敬言之流，自然是看不過眼的．故他說：『王者欽想奇瑞，引誘幽荒，以崇德邁威，壓耀朱服，白雉玉環，何益齊民乎？』

四、君主制度違反民意　君臣的階級制度，並非出自民意．小百姓所要求的是自由平等安居樂業．有了君臣貴賤，便有了貧富，便有了爭奪，便有了仁義刑法．於是君主恣慾於上，人民窮困於下了．所以這種制度，並不是人民的本意，只是強暴武力的壓迫，無法反對而已．故他說：『夫混茫以無名為貴，羣生以得意為歡．故剝桂刻漆，非木之願，投鶡裂翠，非鳥所欲．詐巧之萌，任力違眞，伐根之生，以飾無用．……曩古之世，無君無臣，穿井而飲，耕田而食．日出而作，日入而息．汎然不繫，恢爾自得．不競不營，無榮無辱．山無蹊徑，澤無舟梁．川谷不通，則不相幷兼，士衆不聚，則不相攻伐．……勢利不萌，禍亂不作，干戈不用，城池不設．萬物玄同，相忘於道．其言不華，其行不飾．安得聚斂以奪民財，安得嚴刑以為坑穽．降及杪季，智用巧生，道德既衰，尊卑有序．繁升降損益之禮，飾紱冕玄黃之服．起土木於凌霄，構丹綠於棼撩．傾峻搜寶，泳淵採珠．聚玉如林，不足以極其變，積金成山，不足以贍其費．去崇日遠，背朴彌增．尙賢則民爭名，貴貨則盜賊起．見可欲則眞正之心亂，勢利陳則去奪之路開．造剡銳之器，長侵割之患．弩恐不勁，甲恐不堅．矛恐不利，盾恐不厚．若無凌暴，此皆可棄也．夫桀紂之徒，得燔人辜諫者，脯諸侯，葅方伯，剖人心，破人脛，窮驕淫之惡，用炮烙之虐．若令斯人，並為匹夫，性雖凶奢，安得施之．使彼肆酷恣欲，屠割天下，由於爲君，故得縱意也。』他覺得太古社會的安甯，便是因爲沒有現在這種貴賤的階級，先王的禮法，政府的組織，名利的爭奪。而這一切，都是源於君主的制度。要改造社會，必採用無政府政策，要實現這種政策，首先必得廢君。這種思想，實在是一種反動的革命思想。這種思想，竟然能在當日的社會上流行，還可以公開辯論駁詰，可知當日朝政亂弱到了極點，連統制言論的力量也沒有了。

阮籍鮑敬言的思想，很可代表當代一般有思想的讀書人，對於當日腐敗政治的絕望的表現。他們的長處，是暴露政治人生的弱點，反對物質文化，追求精神生活的滿足。但其短處，則爲缺乏進化論的眼光，在理論上只有破壞的精神，沒有建設的方法。難怪葛洪要說出『道家之言玄妙好聽，宜於談論，難於實行』的話了。

第五章　魏晉時代的人生觀

一　人性覺醒及其原因

赫胥黎(Huxley)說過,人類的生活有兩方面.一方面是自然的,一方面是倫理的.自然的是個人的本性生活,倫理的是社會的道德生活.所謂倫理人的社會生活,必得遵守古代聖賢的禮法和固有的道德尅制自己的情慾,統制自己的生活,使自己能夠在社會上成爲一個德行優良理智堅定的善人.儒家的人生哲學完全集中在這一點,他們把人生的意義與價值看得很高,認爲宇宙萬物的處理,國家社會的改造,都有待於人力.所謂『人能弘道,非道弘人』的人本主義,是儒家哲學的唯一基礎.人類的責任有這麼重大,所以人生是可貴的.一個人生在世上,萬不可縱慾傷生,必得好好的培植他,教養他,使他一步步地離開那種好逸惡勞貪生畏死寡廉鮮恥的人類的自然本性,走到那種重道德守禮法的倫理的路上去.儒家所講的治國平天下,全以修身爲基礎,便是這個原故.修身的本意,就是要大家排除自然人的情慾生活,建設倫理人的理智生活.要達到這種目的,於是生出各種各樣的制度法則,一面教養,一面壓服,使人們不得不用理智來克制自己的情慾,而不敢放浪犯法.他們這種修身主義的人生哲學,初步是要改善個人,最後的目的,還是要救世.孔孟的周遊列國,無非是想把這種哲學應用到救世的目的上去.他們治人與爲政的理論,是一貫的.孔子說:『上好禮則民莫敢不敬.上好義則民莫敢不服.上好信則民莫敢不用情.』又說:『其身正不令而行.其身不正雖令不從.』可知政治的善惡,全以人的善惡爲轉移.在人生方面是修身,在政治方面是德化.善人退可以齊家,進可以治國平天下.梁啓超說:『儒家舍人生哲學外無學問,舍人格主義無人生哲學.其政論之全部,皆以其人生哲學爲出發點也.』這裏所說的人格主義,就是人生倫理化.他們的全部學問,無一不在人的方面求改造求建設.無論人性是善是惡,都要加以教養和培植,使他日近於倫理,日遠於自然的人性.所謂道德名節禮法學問,都是倫理方面必然的修養.我們自生到死,要時時刻刻做這種修養的工夫,使我們能够在社會上做一個完善的人.

魏晉人的人生觀,正是上面所說的那種思潮的反動.他們反對人生倫理化的違反本性,而要求那種人生自然化的解放生活.生活倫理化的結果,只是用許多人爲的制度法則,把人性人情壓制得不能動彈,日趨於虛僞與束縛,一切陰謀詐力的罪惡,都由此而生.人類自然的本性,與這種倫理生活正是相反.我們要使人生有趣味,必得從這種虛僞束縛的生活,返到眞實自由的生活方面去.這種人生觀的特徵,我們可以名爲人性的覺醒.爲什麼到了魏晉人性覺醒的思潮會產生的呢?我想有下面這些原因.

(一)儒學失了統治人心的力量 儒家的修身主義，在漢代通行幾百年的結果，在教育方面雖有很好的成績，但在生活方面卻只注重繁文縟禮的形式，忽略人類的本性眞情，人生趣味的淵泉，日趨於乾涸。士大夫的言語行爲稍不檢點，必受淸議或是官廳的貶責。小者因此去官失職，重者因而殺身。曹操殺了孔融，宣佈他的罪狀說：『融以父母與人無親，譬若缻器，寄盛其中。又言若遭飢饉，而父不肖，寧贍活餘人。融違天反道，敗倫背理，雖肆市朝，猶恨其晚。』這些話是不是孔融說的，我們無從知道，就是說了，也不至於死罪。阮籍居喪的時候，進了酒肉，何曾當司馬昭的面彈劾他說：『明公方以孝治天下，而阮籍以重喪顯於公坐，飮酒食肉，宜流之海外，以正風敎。』（世說新語任誕篇）孔融阮籍的言論行爲，不過稍稍接近人性，就要得到那麼悲慘的結果。什麼敗人倫，傷風化等等的罪名，一齊加到他們的頭上。而曹氏司馬父子，何曾賈充之徒，表面上講禮法名教，內面卻幹着種種卑鄙的惡行。假着儒家所提倡的倫理名詞，來實行他們的篡位貪官排外殺人的惡毒計劃。儒家的學說，被這般惡人利用到這種墮落的程度，頭腦淸醒思想激烈一點的讀書人，自然要表示厭惡而加以排擊了。

(二)道家哲學的影響 儒家的倫理哲學，到了魏晉日趨衰落，代之而起的是道家的思想。在道家的思想裏，老子的無爲，莊子的逍遙齊物，楊子的爲我，列子的貴虛，陳仲子的遁世，最能迎合當代讀書人的心理。當代的人，都發狂似的研究道家的學說，從束縛淺顯的儒學內解放出來，一旦發現這種自由玄妙的道學，那種懷疑苦悶的心靈，從此便有了寄託。道家的思想無處不以個人主義與自然主義爲中心，對於儒家的倫理觀念禮法制度，力加排擊，這一點正是魏晉人的人生觀的基礎。

（三）天人感應說的破壞　因道家宇宙學說的建立，把漢代流行的天人感應說擊破了。天道不是有意志有情感的神靈，他對於人類並沒有賞善罰惡的力量。莊子說的『天地與我並生，萬物與我爲一』的觀念，深深地映在當日人的腦中。故郭象說：『物皆自生而無所出焉，此天道也。……造物者無主，而物各自造，物各自造而無所待焉。』（齊物論注）葛洪也說：『天地雖含囊萬物，而萬物非天地之所爲也。……俗人見天地之大也，以萬物之小也，因曰天地爲萬物之母，萬物爲天地之子孫。』（塞難篇）天人並生，物我合一的理論建立起來，於是善惡報應的帶有宗教意味的天道觀念破壞了。這種觀念一不存在，於是人心無所畏懼，固有的道德，因襲的禮法，都成了廢物，而爲一般人所鄙視。個人的言論行爲，都可隨心所欲，想說什麼就說什麼，想做什麼就做什麼了。

（四）政治絕望與人命的危險　一個人在順利的環境，他的生活思想，都是順着正常的軌道。任何人都有他的志願與野心，日夜經營，努力工作，總想在社會上做一番事業。人生的意義，就在人生的工作上表現出來。若是窮困的境遇，使他的志願無法實現的時候，他就會由光明快樂的心境，變到黑暗痛苦的絕望的地步。對於現實，對於人生社會，一切都感着灰心，而會走入頹廢浪漫的路上去。魏晉政治的黑暗，屠殺文士的殘酷，使得當日讀書人對於現實界的希望完全消滅，不得不由積極的救世的人生觀，趨於消極的避世的人生觀了。晉書阮籍傳說：『籍本有濟世志，屬魏晉之際，天下多故，名士少有全者。籍由是不與世事，酣飲爲常。』可知阮籍並不是無志之士，只是時代的環境過於惡劣，自己又不願意做那些夤緣勢利的下賤行爲，只好縱酒取樂而歸於消極頹廢一途了。就是孔融、禰衡、嵇康之徒，無一不是天才卓絕的有爲之士，如果在政治比較有秩序的時代，他們在事業或是在學問上，都會有偉大的成就。只是時代太黑暗了，當道的豺狼太多了，逼成了他們那種怪僻的思想與放浪的行爲，結果還奪去了他們的性命。

（五）佛教道教的興起　在一個政治紊亂社會不安，舊有的學術思想道德觀念全部都起了動搖，人心陷入極端的懷疑苦悶的時代，宗教的情緒最容易產生出來。中國的佛教道教，就在漢末魏晉這種環境裏，交織着道家的思想滋長起來的。抱朴子的遐覽篇說：『或曰：鄙人面牆，拘繫儒教，獨知有五經三史百氏之言，及浮華之詩賦，無益之短文，盡思守此，既有年矣。既生値多難之運，亂靡有定，干戈戚揚，藝文不貴，徒消工夫，苦意極思，攻微索隱，竟不能祿在其中，免此壟畝，又有損於精思，無益於年命。二毛告暮，素志衰頹，正欲反迷以尋生道，倉卒罔極，無所趨向，若涉大川，不知攸濟。先生既窮觀墳典，又兼綜奇祕，不審道書凡有幾卷，願告篇目。』在這裏面，我們很可看出當代讀書人對於舊有的學術知識的懷疑與不滿想另找新路以寄託自己的靈魂五經三史從前是必讀的現在讀到老了覺得沒有用處生活無法維持對於自己要解決的人生問題也無法解決懷疑苦悶之餘自然會向道士們請教了於是道家的服食導養的養生術佛家的厭苦現世超度彼界的觀念交織着老莊的思想浸漫着當日人們的心靈了。

上面所說的那幾點是魏晉時代人性覺醒的重要原因因爲這些原因促成個人主義自然主義的人生觀的發展這種人生觀的構成並不是專出於某一家是各家思想某一點某一部份的綜合在這綜合內有一個共同的特徵便是反對人生的倫理化而要求人性的返於自然蔡元培說『魏晉玄談家之思想非截然舍儒而合於道佛也彼蓋滅裂而雜糅之彼以道家之無爲主義爲本而於佛家則僅取其厭世思想於儒家則留其階級思想及有命論有階級思想而道佛兩家之人類平等觀儒佛兩家之利他主義皆以不相容而去之有厭世思想則儒家之克己道家之淸淨以至佛教之苦行皆以爲徒自拘苦而去之有命論及無爲主義則儒家之積善佛家之積度又以爲不相容而去之於是其所餘之觀念自等也厭世也有命而無可爲也遂集合而爲苟生之惟我論矣』（中國倫理學史）他對於當日人生觀的構成的分析其見解是相當精確的不過有命論與其說是出自儒家不如說是出自漢代染有道家思想的王充而在魏晉時代這種思想的發展却完全是以當代流行的自然觀的宇宙學

說爲其基礎的.

二　人生有什麼意義

人生有什麼意義呢?這一個問題最難回答.因爲這個問題,很難得到客觀的肯定的說明,而是基於個人的境遇與經驗的.一個幸福的境遇與成功的經驗使你感到人生的趣味無窮,希望無限,一切的活動與工作都有高遠光明的意義.處着相反的境遇與經驗的時候,一切都感着絕望與灰心,覺得人生只有苦惱,只有悲哀,萬事都無趣味.儒家說人生的意義便是做人.無論什麼境遇和經驗,總是照樣的做下去,努力建設倫理的行爲與高尙的德行.失敗成功與人生的意義無關.所謂立德立功立言,便是人生的意義,便是人生努力的目標.魏晉人根本就否定這種人生的意義,做人是一種違反自然法則的愚笨行爲.立德立功立言,都是人生自欺欺人的勾當.殺身成仁捨生取義這些格言,都是傷生損性的荒謬理論.人生在世上,正如一隻狗、一條魚一樣,忽然而生,忽然而死,什麼意義也沒有.長命的七八十年,短命的幾天,自生到死,中間還要經過多少苦難,幸福的日子,過不到幾年,爲什麼要庸人自擾,講什麼仁義道德,講什麼善惡忠孝.善了也罷,惡了也罷,在生雖有貴賤的不同,死了同歸腐朽,是一樣的.故列子楊朱篇說:

『百年之壽大齊得百年者千無一焉.設有一者,孩抱以逮昏老幾居其半矣;夜眠之所弭,晝覺之所遺,又幾居其半矣;痛疾哀苦亡失憂懼,又幾居其半矣.量十數年之中,逌然而自得亡介焉之慮者,亦亡一時之中爾,則人之生也奚爲哉?奚樂哉?爲美厚爾,爲聲色爾,而美厚復不可常厭足,聲色復不可常翫聞,乃復爲刑賞之所禁勸,名法之所進退,遑遑爾競一時之虛譽,規死後之餘榮,偶爾順耳目之觀聽,惜身意之是非,徒失當年之至樂,不能自肆於一時,重囚纍梏,何以異哉?』

用這種態度去看人生,看到的只是空虛和黑暗,人生還有什麽可樂,還有什麽可爲.追求美厚聲色,美厚聲色永遠得不着滿足,並且還有刑賞名法的種種束縛,結果是徒增苦惱而已.楊朱篇又說:

『萬物所異者生也,所同者死也.生則有賢愚貴賤,是所異也.死則有臭腐消滅,是所同也.雖然,賢愚貴賤,非所能也.臭腐消滅,亦非所能也.故生非所生,死非所死,賢非所賢,愚非所愚,貴非所貴,賤非所賤.然而萬物齊生齊死,齊賢齊愚,齊貴齊賤.十年亦死,百年亦死,仁聖亦死,凶愚亦死.生則堯舜,死則腐骨.生則桀紂,死則腐骨.腐骨一矣,孰知其異.且趣當生,奚遑死後.』

在生雖有賢愚貴賤的不同,死了同歸於臭腐與消滅.堯舜桀紂,結果都是一樣,那麽人生爲什麽還要去求賢善求富貴呢?得了賢善的空名,得了富貴的地位,不是一樣要歸於腐骨的寂化嗎?『生存華屋處,零落歸山丘,』曹子建這兩句詩,眞是蘊藏着深沉的悲哀的.故楊朱篇又說:

『天下之美歸之舜禹周孔，天下之惡歸之桀紂，彼四聖者，生無一日之歡，死有萬世之名。名者固非實之所取也。雖稱之勿知，雖賞之不知，與株塊無以異矣。彼二凶也，生有縱欲之歡，死被愚暴之名。實者固非名之所與也。雖毀之不知，雖稱之勿知，此與株塊奚以異矣。彼四聖雖美之所歸，苦以至終，同歸於死矣。彼二凶雖惡之所歸，樂以至終，亦同歸於死矣。』

舜禹周孔雖得了四聖的美名，然一生辛苦，沒有得到一點實在的人生快樂。死了什麼也不知道，萬古流芳的名譽，只是給後人的一種引誘，於死者沒有半點好處。桀紂雖稱爲二凶，他們實際的生活，享受了無窮的快樂，死後的惡名，只是給後人的一種警戒，於死者也沒有半點關係。美名惡名，同樣是空虛，於人生的本身有什麼影響呢？分析人生分析到了這種地步，人生自然是沒有什麼意義了。

三　機械的天命論

人生既是這麼無意義，人力又是這麼微薄，那麼我們生在世上，只有樂天安命的一條路了。魏晉人的樂天安命的思想，同東漢人所講的不同。漢人所講的天命，是一種有意識有判斷的神靈，有耳能聽，有目能看。人類的命運，可以用人類的行爲修養去轉變他。惡者因善得救，善者因惡得罰。這種天命觀念，帶了很濃厚的宗教意味，其結果，人力可以制勝天命。魏晉人所講的，却是自然法則的天命。基於當日流行的自然觀的宇宙學說．這種天命是自然而然的，人類的智力都不能改變．善惡的行爲賢愚貴賤的差異，絲毫沒有感應．或生或死或壽或夭無不受這種自然力的天命的支配．所以他們講的天福天罰，只是自然的福罰，不是意識的福罰．列子力命篇說：

『可以生而生，天福也．可以死而死，天福也．可以生而不生，天罰也，可以死而不死，天罰也．……然而生生死死，非物非我，皆命也．智之所無奈何．故曰窈然無際，天道自會，漠然無分，天道自運．天地不能犯，聖智不能干，鬼魅不能欺．自然者默之成之，平之寧之，將之迎之．』

這裏所說的天道，就是天命．他雖無意識情感，卻具有無限的自會自運的威力，所以聖智鬼魅都無所施其用．無所施其用，天人感應的理論就不能成立了．故他又說：

『生非貴之所能存，身非愛之所能厚．生亦非賤之所能夭，身亦非輕之所能薄．故貴之或不生，賤之或不死，愛之或不厚，輕之或不薄．此似反也，非反也．此自生自死自厚自薄．或貴之而生，或賤之而死，或愛之而厚，或輕之而薄．此似順也，非順也．此亦自生自死自厚自薄．』

貴之賤之，愛之輕之，都是人力，生之死之厚之薄之，却是天命．貴不能生，賤不能夭，愛不能厚，輕不能薄．人力既是這麼渺小，聖人教我們修身積德，去同天命爭勝，不是勞而無功的愚行嗎？故力命篇又說：

『死生自命也．貧窮自時也．怨夭折者不知命者也．怨貧窮者，不知時者也．當死不懼，在窮不戚，知命安時也．其使多智之人，量利害料虛實度人情得亦中，亡亦中其少智之人，不量利害，不料虛實，不度人情，得亦中，亡亦中．量與不量，料與不料，度與不度，奚以異．唯亡所量與所不量，則全而亡喪．亦非知全，亦非知喪，自亡也，自全也，自喪也．』

怨夭折怨貧窮的苦惱悲哀，都是那些不知天命的才智之士自作聰明的結果．當死不懼在窮不戚，才是爲人的正當法則．若強以智力同天命對抗，則必如愚公移山杞人憂天秦皇漢武求長生那樣的可笑了．力命篇又說：

『力謂命曰：若之功奚若我哉？命曰：汝奚功於物而欲比朕？力曰：壽夭窮達貴賤貧富，我力之所能也．命曰：彭祖之智不出堯舜之上而壽八百，顏淵之才不出衆人之下而壽十八，仲尼之德不出諸侯之下而困於陳蔡，殷紂之行不出三仁之上而居君位，季札無爵於吳，田恆專有齊國．夷齊餓於首陽，季氏富於展禽．若是汝力之所能，奈何壽彼而夭此，窮聖而達逆，賤賢而貴愚，貧善而富惡耶？力曰：若如若言，我固無功於物，而物若此耶？此則若之所制耶？命曰：既謂之命，奈何有制之者耶？直而推之，曲而任之，自壽自夭，自窮自達，自貴自賤，自富自貧，朕豈能識之哉？朕豈能識之哉？』

在這一段對話裏，天命歷舉着歷史上的事實，來證明他自己的威權，將人力排擊得無立腳的餘地了．他承認他自己並無意識，一切的現象，只是自然而然．因爲是自然而然，所以人力沒有用處．這種機械的唯物的天命論的人生觀，將人生的一點趣味和希望都毀滅無餘，使人心都變成了土塊，變成了樹木，失去了工作的勇氣和進取的野心了。但這種觀念在魏晉人的頭腦裏，是極其普遍的。阮籍在大人先生傳內說：『天地之永固，非世俗之所及。往者天在下，地在上，反覆顛倒，未之安固，焉能不失律度。天固地動，山陷川起，雲散震壞，六合失理，汝又焉得擇地而行，趨步商羽？往者祥氣爭存，萬物死慮，支體不從，身爲泥土，根拔枝除，咸失其所，汝又安得束身修行，磬折抱鼓？李牧有功而身死，伯宗效忠而世絕，進而求利以喪身，營爵賞則家滅，汝又焉得挾金玉萬億，祗奉君上而全妻子哉？』張湛說：『命者必然之期，素定之分也。雖此事未驗，此理已然。若以壽夭存於御養，窮達係於智力，此惑於天理也。……夫順天理而無心者，則鬼神不能犯，人事不能干矣。』（力命篇注）天理天命自然這些名詞，雖彼此互用，其用意都是相同。樂天安命的人生觀，是教人放任無爲，不管人事。陶淵明的神釋詩云：『三皇大聖人，今復在何處？彭祖愛永年，欲留不得住。老少同一死，賢愚無復數。日醉或能忘，將非促齡具。立善常所欣，誰當爲汝譽。甚念傷吾生，正宜委運去。縱浪大化中，不喜亦不懼。應盡便須盡，無復獨多慮。』他是說壽夭富貴，俱非人力所能爲，我們生於天地之中，對於生死禍福，應當不喜不懼，聽其自然。正是力命篇所說的『當死不懼，在窮不戚』的意思。因此他的人生觀，達到『聊乘化以歸盡，樂夫天命復奚疑』的結論了。

四　厭世不厭生

魏晉人雖都有厭世的觀念，並沒有厭生的觀念。人生的意義雖是否定，生活的意義並沒有否定。他們一樣要求快樂，要求幸福，不過他們追求的途徑與方法不同，觀察人生的態度和前人有些分別而已。『孔子遊於大山，見榮啓期鼓琴而歌。孔子問曰：先生所以樂何也？對曰：吾樂甚多。天生萬物，唯人爲貴，而吾得爲人，是一樂也。』（列子天瑞篇）在這一則假託的寓言裏，可知他們一樣有唯人爲貴的觀念。『子貢問林類曰：先生少不勤行，長不競時，老無妻子，死期將至，亦有何樂而拾穗行歌乎？林類笑曰：吾之所以爲樂，人皆有之，而反以爲憂。少不勤行，長不競時，故能壽若此。老無妻子，死期將至，故能樂若此。』（同上）他們的快樂，人皆以爲憂，這正說明他們的人生觀和生活的態度與常人不同，難怪那位儒教徒不了解他的意思，要去請教先生的了。

安天樂命的人生觀，並不是教人關在家裏餓着肚皮等死。也不是說人生太無意義，不如服毒自殺。他們的意思，是說人生既要受自然天命的支配，智力又無法反抗，那麽人生在世上，應當不做那些違反自然的事，體舒服地過一點適合人性的生活。有一天過一天，有一年過一年，生了不喜，死了不懼，這就是幸福。那麽適合人性的生活，究竟是什麽樣的生活呢？要回答這個問題，我們必得敍述當日流行的逍遙論養生論與縱慾論的三種意見.

五　逍遙論

人在世上，終日奔忙，因爲有所貪求，有所羨慕，所以就生出患得患失的心情來.這種心情便是人生苦惱的根源.列子楊朱篇說『生民之不得休息爲四事故：一爲壽，二爲名，三爲位，四爲貨.有此四者，畏鬼畏人畏威畏刑.此之謂遁人也.可殺可活，制命在外.不逆命，何羨壽？不矜貴，何羨名？不要勢，何羨位？不貪富，何羨貨？此之謂順民也.天下無對，制命在內.』遁人便是違反自然，順民便是順於自然.自古至今，總是遁人多順民少，所以社會上老是鬧得不能安靜.在達莊論內，阮籍也很感歎地說：『儒墨之後，堅白並起，吉凶連物，得失在心.……咸以爲百年之生難致，而日月之蹉無常，皆盛僕馬，修衣裳，美珠玉，飾帷牆.出媚君上，入欺父兄，矯厲才智，競逐縱横.家以慧子殘，國以才臣亡.』那些遁人爲貪圖勢利，偷取富貴，忘其爲人的根本，結果是弄到國破家亡，這是多麽悲慘.要免去這種悲慘，只有達到逍遙的路上去.所謂逍遙，便是順情適性，得到自由自在的滿足.物有大小之分，壽有長短之别.大小長短各有其性，各有其情，能順之適之，大家都能幸福，都能快樂.若小的羨慕大的，短的羨慕長的，那便是反性違情，就不能算是逍遙，不能得到幸福了.向秀郭象說：

『夫小大雖殊，而放於自得之場，則物任其性，事任其能，各當其分，逍遙一也．豈容勝負於其間哉？……夫翼大則難舉，故摶扶搖而後能上九萬里乃足自勝耳．既有斯翼，豈得決然而起數仞而下哉？此皆不得不然，非樂然也．』（逍遙遊注）

大小長短的形體雖有不同，只要能夠物任其性，事任其能，大小長短都同樣可以達到逍遙的生活趣味．鵬鳥的翼大難舉，非借着扶搖之風力飛不上去，而他並不能以此向燕雀誇其大，因爲這僅是鵬的本性．學鳩的輕捷靈便，也不能笑鵬鳥的笨重，這也僅是學鳩的本性．故他們又說：『苟足於其性，則雖大鵬無以自貴於小鳥，小鳥無羨於天地，而榮願有餘矣．故小大雖殊，逍遙一也．』可知生活的眞正意義，並不在形體的大小，地位的貴賤，財產的厚薄，而最重要的是在生物本身的滿足．懂得這個道理，彭祖不爲壽，蟪蛄不爲夭，帝王不爲富貴，原憲不爲貧賤了．他們又說：

『夫以形相對，則泰山大於秋毫也．若各據其性分，物冥其極，則形大未爲有餘，形小未爲不足．苟足於其性，則秋毫不獨小其小，而泰山不獨大其大矣．若以性分爲大，則天下之足未有過於秋毫也．其性足者爲大，則雖泰山亦可稱小矣．故曰天下莫大於秋毫之末，而泰山爲小．泰山爲小，則天下無大矣．秋毫爲大，則天下無小也．無小無大，無壽無夭．是以蟪蛄不羨大椿，而欣然自得．斥鷃不貴天池，而榮願以足．苟足於天然而安其性命，故雖天地未足爲壽，而與我並生．萬物未足爲異，而與我同得．則天地之生又何不並，而萬物之得又何不一哉？』（齊物論注）

要達到逍遙的境界，必先達到齊物的境界。物的界限不打破，逍遙的境界永遠無法實現。物的差別只是形體，逍遙的本性，是心性的同一。形體的障礙破除了，心性的同一便可以建立起來，到了『天地未足爲壽，萬物未足爲異，足於天然，安於性命』的地步，那便是逍遙心境的實現了。但是人類永遠是不能滿足的動物，兩眼只注意外界的差別，而忽略心性的建設。於是望泰山而羨其大，見彭祖而羨其壽，尊帝王而羨其貴，慕陶朱而羨其富，了由羨慕而貪圖，由貪圖而用詐力，由用詐力而起爭奪。因此人類的生活離開逍遙的本性，一天遠一天，苦惱的事體也就更多起來了。他們又說：

『夫物未嘗以大欲小，而必以小羨大，故舉小大之殊，各有定分，非羨欲所及，則羨欲之累，可以絕矣。夫悲生於累，累絕則悲去，而性命不安者，未之有也。』（逍遙遊注）

『夫物情無極，知足者鮮，故得止不止，復逐於彼，皆疲役終身，未厭其志，死而後已。故其成功者，無時可見也。』（齊物論注）

人類的可憐，就是不能脫去羨欲之累的弱點。因爲羨欲之累，演出許多人生的悲劇來。邯鄲學步，東施效顰，人人覺得可笑，但自己却時時在學步，在效顰，而反不自覺，不是更可笑嗎？所以我們要追求生活的幸福，只有由齊物走到逍遙自適的路上去。『死生之變，猶春秋冬夏四時行耳。故生死之狀雖異，其於各安所遇一也。今生者方自謂生爲生，而死者方自謂生爲死，則無生矣。生者方自謂死爲死，而死者方自謂死爲生，則無死矣．無生無死，無可無不可．』（齊物論注）人生眞能達到『無生無死，無可無不可』的境界，那就無所謂悲哀苦樂，無所謂羨慾，也就無處而不逍遙了．

因爲這種逍遙自適的人生觀，使魏晉的人士，都歡喜離開那個紊亂汚濁的社會，而寄居到高林深壑內面去．因爲當日的政治社會傷情損性的刺激事體太多，不容易使一個人的心靈平靜．你縱是閉關自守，外面却時時有人敲窗打戶，你如何對付．不如到高崖深谷內去，比較容易得到逍遙自適的生活趣味．所以魏晉隱逸的風氣特盛．隱逸之徒，被稱爲高士，或是達人，表示與凡人區別．我們只要看看阮籍嵇康對於孫登的那種景仰崇拜的情形，就可略明那般高士達人在讀書人心目中的地位了．

周濟說：

『漢末分崩，三方鼎峙，戰龍之血，雜玄黃而未辨，鳴鳳之音，矢卷阿而彌遠．此一時也．典午竊柄，拱手而規蜀漢，金行紹統，指揮而從吳會．恭儉之聲甫著，荒淫之俗已成．賈荀蒙附秭之眷，炙手而可熱，傅劉進苦口之規，寧寘耳而爲瑱．此又一時也．深宮擲戟，而前星歛曜，壼巷飛書，而永寧截髮．踊躍之戈，操乎同室，魚爛而亡，委諸裔土．此又一時也．流離播遷，燕安酖毒，江沱有必精之饌，神州無同濟之楫．上章下替，內柄外移．此又一時也．匕鬯僅存，紗帷未㸕，濟寬召蕭牆之釁，雪恥竭杼軸之供．鱷吞鯢吹，方汹涌於遼碣，鼈跛黿怒，乃躑躅於坎窞．此又一時也．日莫倒行，市怒室色，大憝甫殞，巨寇狡焉．飛淮浦之嚴霜，下河濱之堅壘．府山未築，邵埭先成，已賤白鷄之妖，豈免黍離之歎．此又一時也。然後金甌缺於晉陽之甲，寶鼎移於五湖之長，草澤奮其長刀，朝廷甘於赤紙。易稱天地閉，賢人隱，孰有甚於兩晉者乎？是以蹈迹全生，見幾辭祿，雖見賁於弓旌，若含辛於荼蓼者矣。』（晉略隱逸傳序）

一個人不能叫他一天到晚老是閉着眼睛塞着耳朵不同外界接觸。在這樣一種亂世，如何能立足呢？所以潔身自愛想過一點逍遙自在的生活的人只有入深山進幽谷的一條路了。袁中郎詩云：『書生痛哭倚蒿藜，有錢難買青山翠。』在魏晉書生的心靈裏，都是深深地隱藏着這種悲哀的。陶淵明在塵網中過了三十年的濁世生活，一旦回到那種逍遙適性的田居生活的時候，難怪他要詠出這些『此中有眞意，欲辨已無言』『久在樊籠裏，復得返自然』的詩句來了。

六　養生論

我在上面曾經說過，魏晉人雖是厭世，並不厭生。他們對於生的慾望，仍是很強烈的。所以在那個亂世，那種韜光養晦保性全眞的思想非常流行。這些思想，都是保全生命愛惜生命的表現。因此養生論的學說由此而生了。在表面看來，養生論似乎是要延長生命，與安天樂命的思想不相容。其實這是錯誤的。在養生論者看來，人生本可長壽，現在的人因爲情慾的耗損與外物的刺激，都短命而死了。用情慾外物去摧殘生命，正是反抗天命的自然法則。養生論者所講的，就是要排除那些摧殘生命的情慾的耗損與外物的刺激，讓人享受應有的自然壽命．正如一株樹長在深山，你不要時時去披枝伐葉讓它自然生長自然死滅．向秀郭象說：『夫養生非求過分，全理盡年而已．』（養生主注）這是養生論的最好解釋養生只是養其應有之生，並非求過分之生若求過分之生則又是反天命違自然了．楊朱篇裏有一段話說得極好．

『人肖天地之類，懷五常之性，有生之最靈者人也．人者爪牙不足以供守衞，肌膚不足以自捍禦，趨走不足以從利逃害，無毛羽以禦寒暑，必將資物以爲養性，任智而不恃力．故智之所貴，存我爲貴，力之所賤，侵物爲賤．然身非我有也，既生不得不全之．物非我有也，既有不得不去之．身固生之主，物亦養之主．雖全生身，不可有其身，雖不去物，不可有其物．』

身非我有，正是要順從天命．但既有了生，不得不想法子保全它的力量．雖是那麼渺小，身體雖是那麼柔弱，只要照着養生的路一步一步地走去，必可得着良好的結果．代表這一派理論的，除了老莊的哲學思想外，還受有道教徒所講的長生術的影響．葛洪是純粹的道士，我們不必說他，現在只說說嵇康．

在嵇康的集子裏，有養生論和答難養生論兩篇文章，表現他的養生思想．他認爲世上有神仙，但不可以學得．世上可有數百年的長生，但不能不死．這數百年的生命，是人類應有的自然生命．現在人類的短命，都是自己的摧殘。這種摧殘是多方面的。第一是情的摧殘。他認爲情慾對於身體的影響，有非常大的力量。他說：

『夫服藥求汗，或有弗獲，而愧情一集，渙然流離。終朝未餐，則囂然思食，而曾子銜哀，七日不飢。夜分而坐，則低迷思寢，內懷隱憂，則達旦不瞑。……神躁於中，而形喪於外。……是以君子知形恃神以立，神須形以存，悟生理之易失，知一過之害生。故修性以保神，安心以全身，愛憎不棲於情，憂喜不留於意，泊然無感，而體氣和平。』（養生論）

精神的變化對於身體的作用有這麼大，因此養生論者第一得節制情慾，使自己心氣平和，得以保全形體。其次是物的摧殘。情是屬於內，物是屬於外。養生者要內外一致，方可得到中和。他說：

『豆令人重，榆令人瞑，合歡蠲忿，萱草忘憂，愚智所共知也。薰辛害目，豚魚不養，常世所識也。……而世人不察，惟五穀是見，聲色是耽，目惑玄黃，耳務淫哇，滋味煎其府藏，醴醪煮其腸胃，香芳腐其骨髓……夫以蕞爾之軀，攻之者非一塗，易竭之身，而外內受敵，身非木石，其能久乎。』（養生論）

身體既是那麼柔弱，加之內有情傷，外有物害，難怪人命要夭折了。要免除這種非自然的夭折，必得要內調情慾，外制物誘，才有辦法。除此以外，還有一點要注意的，便是智巧對於身體的耗損。他認爲智的作用，只可用於養生。若以智巧貪圖富貴名利，則不是養生，反是傷生了。楊朱說的『智之所貴，存我爲貴，』正是這個意思。嵇康說：

『所以貴智而倘動者，以其能益生而原身也．然欲動則悔吝生，智行則前識立．前識立則志開而物逐，悔吝生則患積而身危．二者不藏之於內而接於外，足以災身，非所以厚生也．夫嗜慾雖出於人，而非道之正，猶木之有蝎，雖木之所生，而非木之宜也．故蝎盛則木朽，欲勝則身枯，然則欲與生不並立，名與身不俱存，略可知矣．而世未之悟，以順欲爲得生，雖有後生之情，而不識生生之理，故動之死地也．是以古人知酒肉爲甘鴆，棄之如遺，識名位爲香餌，逝而不顧．使動足資生，不濫於物，知正其身，不營於外，背其所害，向其所利，此所以用智遂生之道也．故智之爲美，美其益生而不羨，生之爲貴，貴其樂和而不交，豈可疾智而輕身，勤欲而賤生哉？』（答難養生論）

使用智巧，對於身體是另外一種傷損．這種傷損與情感發生密切的關係．凡用智巧者，必有所貪圖，有所貪圖，必有成敗與得失．因成敗得失，而情感發生種種的激動，到這時候，雖想用人力去調節它，也就無能爲力了．然而世上的人都以爲那種用智巧去貪求富貴名利，是人類的本性，無法避免．嵇康覺得這是一種大錯誤．他認爲餓了要吃東西，寒了要加衣服，這才是人的本性．貪圖羨欲，却是受了外部環境的引誘而起的一種本性以外的現象．因爲這種現象，智巧就因之而生．嵇康說：『不慮而欲，性之動也．識而後感，智之用也．性動者，遇物而當，足則無餘．智用者，從感而來，捲而不已．故世之所患禍之所由，常在於智用，不在於性動．』（同上）可知本性合於自然，智巧起於物感．合於自然者不可除，起於物感者可以制．本性的要求容易滿足，智巧的運用，永無止境．因爲永無止境，身體要蒙受重大的傷

害，所以養生者必得要排除智巧了

調情感，除物誘，排智巧，是養生者必要的條件，但這些東西講起來容易，做到却難。這便是長生者在世界上看不到的一個原因。所以嵇康也感慨地說：『養生有五難。名利不滅，此一難也。喜怒不除，此二難也。聲色不去，此三難也。滋味不絕，此四難也。神慮轉發，此五難也。』（答難養生論）他這裏所說的五難，可以歸納在上面所講的那三點內面。如果一個人眞能克服這五難，好好地生活下去，一定可以與羨門比壽，同王喬爭年了。故他說：

『善養生者，淸虛靜泰，少私寡欲，知名位之傷德，故忽而不營，非欲而强禁也。識原味之害性，故棄而弗顧，非貪而後抑也。外物以累心不存，神氣以醇白獨著，曠然無憂患，寂然無思慮。又守之以一，養之以和，和理日濟，同乎大順。然後蒸以靈芝，潤以醴泉，晞以朝陽，綏以五弦，無爲自得，體妙心玄，忘歡而後樂足，遺生而後身存。若此以往，庶可與羨門比壽，王喬爭年，何爲其無有哉？』（養生論）

這一段可算是他養生說的結論。他覺得養生的要義，不是求過分之年，只是順自然之命。人自然是必死的動物，能養生的可免其速死早死而已。故他說：『爲稼於湯之世，偏有一溉之功者，雖終歸焦爛，必一溉者後枯。然則一溉之益，固不可誣也。』他雖知道人生終歸焦爛，然而還是不能忽視那一溉之功。一溉者能夠後枯，那麼養生就有它的意義與價值了。

七 縱慾論

逍遙論者是追求心靈的自由和滿足,養生論者是講求心身的修養,縱慾論者是偏重官能的物質的快樂.他們認爲只有官能物質的快樂,才是人生眞正的幸福和趣味.代表這派理論的,是列子的楊朱篇.

『晏平仲問養生於管夷吾.管夷吾曰:肆之而已,勿壅勿閼.晏平仲曰:其目奈何?夷吾曰:恣耳之所欲聽,恣目之所欲視,恣鼻之所欲向,恣口之所欲言,恣體之所欲安,恣意之所欲行.夫耳之所欲聞者音聲,而不得聽,謂之閼聰.目之所欲見者美色,而不得視,謂之閼明.鼻之所欲向者椒蘭,而不得嗅,謂之閼顫.口之所欲道者是非,而不得言,謂之閼智.體之所欲安者美厚,而不得從,謂之閼適.意之所欲爲者放逸,而不得行,謂之閼性.凡此諸閼,廢虐之主.去廢虐之主,熙熙然以俟死,一日一月一年十年,吾所謂養.拘此廢虐之主,錄而不舍,戚戚然以至久生,百年千年萬年,非吾所謂養.』(楊朱篇)

在這一段假設的對話裏,作者把縱慾的思想發揮得很透澈.他在這裏所講的雖也是養生,其實只能算是樂生.縱慾論者與養生論者對於人生的看法,根本就相反.養生論者認爲人生的本性,只是清靜素樸,所以要節情制物以養身.縱慾論者認爲官能的快樂是人生的本性,所以要肆情縱慾以樂生。只要能肆情縱慾以取得官能物質的快樂，活一天也好，活一年也好，這人生是有意義的。如果得不到這種快樂，就是你長生不老，你的生活也是枯燥無聊，沒有享受人生的趣味。這種現世的快樂主義，最反對虛名，因為虛名總是妨害實惠。舜禹周孔有聖人的美名，物質的快樂一點也沒有，桀紂稱爲二凶，但是他的實際生活是多麼豐美。『彼四聖雖美之所歸，苦以至終，同歸於死矣。彼二凶雖惡之所歸，樂以至終，亦同歸於死矣。』（楊朱篇）人是同歸於死，一個得着死後的虛名，一個得着現實的快樂，在縱慾論者看來，桀紂的聰明，是遠在四聖以上了。楊朱篇又說：

『太古之人知生之暫來，知死之暫往，故從心而動，不違自然所好，當生之娛非所去也，故不爲名所觀。從性而游，不逆萬物所好，死後之名非所取也，故不爲刑所及。名譽先後，年命多少，非所量也。』

人是忽然而生，忽然而死，生命旣是這麼短促，不快快地享受一點快樂，還爲名爲利所累，這是多麼愚笨的事呵！『張季鷹縱任不拘，時人號爲江東步兵。或謂之曰：卿乃可縱適一時，獨不爲身後名耶？答曰：使我有身後名，不如卽時一杯酒。』（世說新語寵禮篇）『畢茂世云：一手持蟹螯，一手持酒杯，拍浮酒池中，便足了一生。』（同上）這般人深知此中道理，知道現世的快樂，遠勝死後的虛名，爲什麼在生的期中，要爲名利所累呢？因爲他們的思想走到了這種極端，所以他們的理想人生，便是公孫朝、公孫穆、端木叔那一類的人物了。先看公孫朝公孫穆兄弟的生活是怎樣的。

『朝好酒，穆好色。朝之室也，聚酒千鍾，積麴成封，望門百步，糟漿之氣，逆於人鼻。方其荒於酒也，不知世道之安危，人理之悔吝，室內之有亡，九族之親疏，存亡之哀樂也。雖水火兵刃交於前，弗知也。穆之後庭，比房數十，皆擇稚齒婑媠者以盈之。方其耽於色也，屏親昵，絕交游，逃於後庭，以晝足夜，三月一出，意猶未愜。鄉有處子之娥姣者，必賄而招之，媒而挑之，弗獲而後已。』（楊朱篇）

醉起酒來，連水火兵刃交於前也不知道，縱起色來，以晝足夜，三月一出，還感着不夠，這可以說是盡其縱慾之能事了。再看端木叔的生活：

『衛端木叔者，子貢之世也。藉其先貲，家累萬金，不治世故，放意所好。其生民之所欲為，人意之所欲玩者，無不為也，無不玩也。牆屋台榭，園囿池沼，飲食車服，聲樂嬪御，擬齊楚之君焉。至其情所欲好，耳所欲聽，目所欲視，口所欲嘗，雖殊方偏國，非齊土之所產育者，無不必致，猶藩牆之物也。及其游也，雖山川阻險，途徑修遠，無不必之，猶人之行咫步也。賓客在庭者日百數，庖廚之下不絕煙火，堂廡之下不絕聲樂。奉養之餘，先散之宗族；宗族之餘，次散之邑里；邑里之餘，乃散之一國。行年六十，氣幹將衰，棄其家事，都散其庫藏、珍寶、車服、妾媵，一年之中盡焉，不為子孫留財。及其病也，無藥石之儲；及其死也，無瘞埋之資。一國之人受其施者，相與賦而藏之，反其子孫之財焉。』（同上）

在這兩段編造的故事裏，作者故意創作了這種生活的形式，以作為縱慾論者的模範。在縱慾論者看來，要像這種生活，才可以算是理想的生活。因此有人批評端木叔是狂人，他的行為污辱了祖宗的時候，作者借着段干木的口回答說：『木叔達人也德過其祖矣。其所行也，其所爲也，衆意所驚，而誠理所取。衞之君子多以禮敎自持，固未足以得此人之心也。』（同上）他們認爲端木叔之流，才是有德的達人，以禮敎自持的君子們是不會了解這般人的心情的。對於這種思想，我們看了覺得很可怕，其實在魏晉時代實踐這種理論的人們可眞不少。如阮籍、劉伶的縱酒，糜竺、王愷、賈謐、石崇們的窮奢極慾的生活，我們只要看看古書上的記載，就知道他們的情形，是遠在公孫兄弟和端木叔以上了。可知縱慾論者的編造故事與託古立說，實在是多餘的了。

平心而論，無論是逍遙養生，或是縱慾，這種人生觀的理論，都是不健全的。他們最大的毛病，便是違反了人類進化的法則，缺少救世的精神。他們口口聲聲攻擊人家損性傷生，其實他們自己才眞是損性傷生。逍遙論者最高的成就，頂多可以做到陶淵明。下者便流爲那些身居山谷心懷利祿的山人居士了。養生論者稍一前進，便會變爲道士，那是更無可取。縱慾論者更是墮落無聊，害己傷人。荀子說：『縱情性，安恣睢，禽獸行，不足以合文通治。』（非十二子）這作爲縱慾論者的批評，眞是非常確切的了。

八 排聖賢反禮法

上面所講的那三種派別，對於人生雖各有不同的看法，但在非聖賢反禮法這一點，却是一致的．他們共同的要求是解放與自由聖賢禮法都是解放自由的障礙．他們爲得要達到那種理想生活的階段，不得不將這些障礙先加以排除．他們覺得堯舜桀紂並無善惡之分，周公孔子只是多欲好事的僞君子．禮法是束縛人性的枷鎖，是國家社會致亂的根源，應該加以澈底的破壞，人生才可得到正當的發展．阮籍說：

『汝獨不見夫虱之處褌中，逃乎深縫，匿乎壞絮，自以爲吉宅也．行不敢離縫際，動不敢出褌襠，自以爲得繩墨也．饑則囓人，自以爲無窮食也．然炎丘火流，焦邑滅都，羣虱死於褌中而不能出．汝君子之處區內，亦何異夫虱之處褌中乎？……今汝造音以亂聲，作色以詭形，外易其貌，內隱其情．懷欲以求多，詐僞以要名．君立而虐興，臣設而賊生，坐制禮法，束縛下民．欺愚誑拙，藏智自神，強者睽眂而凌虐，弱者憔悴而事人，假廉以成貪，內險而外仁，罪至不悔過，幸過則自矜……今汝尊賢以相高，競能以相尙，爭勢以相君，寵貴以相加，驅天下以趨之，此所以上下相殘也．竭天地萬物之至，以奉聲色無窮之欲，此非所以養百姓也．於是懼民之知其然，故重賞以喜之，嚴刑以威之．財匱而賞不供，刑盡而罰不行，乃始有亡國戮君潰敗之禍，此非汝君子之爲乎？汝君子之禮法，誠天下殘賊亂危死亡之術耳．』

（大人先生傳）

這一段激烈的文字，可看作是一篇討聖賢禮法的檄文．既加以幽默的嘲笑，又加以正面的攻擊．

使得聖賢禮法都無立足的餘地了．大概當日那些迂腐庸懦坐井觀天的經師，假仁義禮法的美名，實行篡位貪官的僞善者，太令人看不上眼，所以阮籍發出這種過激的言論了．這種咄咄逼人鋒芒畢露的神態，同孔融禰衡之徒很相接近．在這種情形之下，他當日還能保全性命，實在是不容易的．到了陶淵明的五柳先生傳，其根底的思想與大人先生傳並無二致，然而他寫得那麼平淡自然，沒有一點煙火氣，可知當日流行的那種時代思潮，到了晉末已經把人心淨化了．

嵇康在與山巨源絕交書內，也發表這種思想．他說：

「人倫有禮，朝廷有法，自惟至熟，有必不堪者七，甚不可者二．臥喜晚起，而當關呼之不置，一不堪也．抱琴行吟，弋釣草野，而吏卒守之，不得妄動，二不堪也．危坐一時，痺不得搖，性復多蝨，把搔無已，而當裹以章服，揖拜上官，三不堪也．素不便書，又不喜作書，而人間多事，堆案盈几，不相酬答，則犯教傷義；欲自勉強，則不能久，四不堪也．不喜弔喪，而人道以此爲重，已爲未見恕者所怨，至欲中傷者，雖瞿然自責，然性不可化，欲降心順俗，則詭故不情，亦終不能獲無咎無譽，如此，五不堪也．不喜俗人，而當與之共事，或賓客盈坐，鳴聲聒耳，囂塵臭處，千變百伎，在人目前，六不堪也．心不耐煩，而官事鞅掌，機務纏其心，世故繁其慮，七不堪也．又每非湯武而薄周孔，在人間不止此事，會顯世教所不容，此甚不可一也．剛腸疾惡，輕肆直言，遇事便發，此甚不可二也．」

山濤找嵇康去做官，嵇康不去，寫了一封拒絕的信，在這信裏，把他的性情思想，和盤托出．由他自白的七不堪與二不可看來，知道他的愛自由的天性，決不是名位禮法那些東西所能破壞的．同時也可知道當時的新哲學新思想在社會上雖是非常流行，但是入朝作官，還是非講湯武周孔不可，非講道德禮法不可．不過當日君臣們所講的盡是一些有名無實的假古董，所以阮籍嵇康更不願進去，情願在家裏閉門喝酒，或是在樹陰底下打鐵了．

縱慾論者在這方面所表現的更是激烈．他們覺得聖賢禮法同他們的人生觀正是相反，絕對沒有調和的餘地．他們雙方是正面的敵人．不先把敵人克服，自己的理想生活便無法實現．在楊朱篇那段假設的公孫兄弟的故事裏，說子產看見自己兩個兄弟這麼荒淫，聽了鄧析的話，用禮義之尊性命之重的理由去勸告他們．他們回答說：

『吾知之久矣，擇之亦久矣．豈待若言而後識之哉？凡生之難遇而死之易及，以難遇之生俟易及之死，可孰念哉？而欲尊禮義以夸人，矯情性以招名，吾以此爲弗若死矣．爲欲盡一生之歡，窮當年之樂，唯患腹溢而不得恣口之飲，力憊而不得肆情於色，不遑憂名聲之醜，性命之危也．且若以治國之能夸物，欲以說辭亂我之心，榮祿喜我之意，不亦鄙而可憐哉？我又欲與若別之．夫善治外者，物未必治，而身交苦；善治內者，物未必亂，而性交逸．以若之治外，其法可暫行於一國，未合於人心．以我之治內，可推之於天下，君臣之道息矣．吾常欲以此術而喻之，若反以彼術而敎我哉？』

子產用了光明正大的理由去責備他們，不料反被他們教訓了一頓，弄得自己說不出話來。回去告訴鄧析，鄧析說你的兩位兄弟倒是眞人，你雖有治國之才，聰明還比不上他們呢？這一段寓言正如莊子裏面孔子與盜跖，孔子與漁父的對話一樣，是作者借着古人的名字來發表自己的思想的。在上面那些文字裏，我們可以知道縱慾論者對於聖賢禮法，是持着深惡痛絕的態度，並且還說出『你一定要我們尊禮義重名位，那我們情願死去』的訣絕的話了。故楊朱篇又說：

『豐屋美服厚味姣色，有此四者，何求於外？有此而求外者，無厭之性，無厭之性，陰陽之蠹也。忠不足以安君，適足以危身，義不足以利物，適足以害生。安上不由於忠，而忠名滅焉，利物不由於義，而義名絕焉，君臣皆安，物我兼利，古之道也。』

縱慾論者所要求的是肉體的物質的快樂，他們只要有豐屋美服厚味姣色這些東西就夠了。有了這方面的滿足，自然再不能要名位的滿足，再要追求，那便是無厭之性了。在他們的眼裏，忠義等等，都是危身害生的東西，上不足以安君，下不足以利物，留着他有什麼用處呢？

結論

由上面列舉的那些觀點看來，我們可以說魏晉人的人生觀，是以人性的覺醒爲其基礎，而以個人主義自然主義為其歸宿.因為人性的覺醒與復活所以對於倫理道德一概破壞,追求其心靈或是肉體的滿足.因為個人主義自然主義的發展,造成利己的無為的思想而缺乏社會的救世的精神.對於現實,他們都感着不滿意,不得不寄其苦悶的靈魂於理想的樂園,可是那樂園並不只一個,有的過於玄妙,有的過於現實,有的過於做作,有的又過於機械,因為如此,所以他們的成就各有不同.孔融嵇康喪了生,阮籍劉伶全了命,王衍死在石勒的手內,阮家兄弟同豬一道喝酒,陶淵明的皈依自然,算是最高的成就,下之就是王愷石崇們的奢淫了.

第六章　魏晉時代的文藝思潮

一　文學理論的建設

我在上面說過，儒家的人生哲學，是以修身與人格爲基礎，所以他們看重行爲，遠在言語與辭章之上．孔子說：『始吾於人也，聽其言而信其行，今吾於人也，聽其言而觀其行．』又說：『辭達而已矣．』這些話都是說明言語辭章的華而不實，容易掩蔽高貴的道德．到了儒敎獨尊的漢代，孔子的這種觀念，作爲學術批評人生批評的正統理論．道家的思想，富於玄妙與神祕的成分，他們的腦裏都有一個理想的世界，寄託他們的靈魂．這種世界非出於人力創造的現實，乃出於腦力理想的構成，借以表現的，或出於言語，或出於辭章．言語者趨於淸談，辭章者尊重文藝．屈原的離騷，在有道家思想的淮南王的眼裏，立刻發現其價値的重大，批評它說：『國風好色而不淫，小雅怨悱而不亂，若離騷者，可謂兼之矣．蟬蛻濁穢之中，浮游塵埃之外，皭然泥而不滓，推此志雖與日月爭光可也．』這批評就在現在看來，也還是相當確切的．所謂『蟬蛻濁穢之中，浮游塵埃之外，』正是道家的心境．到了班固，站在儒家的立場，對於屈原以及淮南王的評論，都加以非難．他用儒家的德行論，說屈原露才揚己，不善於爲人；幾次責難懷王，不善於爲臣．前者是失德，後者是不忠．一個失德不忠的人，他的辭章，就是再美麗，也是不足觀的了．他同時又責備作者在離騷內，增損古代帝王的事實，不合於正道．並且還濫用許多荒謬虛無的神話典故，都是違反先聖先賢的經典．因此他得着結論『淮王謂之兼風雅而與日月爭光』是不對的了．在他的理論裏，我們可以看出兩個要點．(一)在估量作品的藝術的價值之前，應該先審查作者的品行．(二)好的作品應該是現實的，不是浪漫的．應該合於先聖的倫理觀念，不應該只是個人情感的表現．因此，我們可以知道儒道二家對於文藝的觀察的態度根本是相反的．道家是以藝術批評爲基礎．儒家是以倫理道德爲標準．

到了王逸，他一面覺得離騷確實是一篇很有價值的作品，同時又不能反對班固的議論．他只好用詩序解詩經的辦法，把儒學的理論裝進到離騷內面去，於是離騷的價值就提高了．他說：『夫離騷之文，依託五經以立義焉．「帝高陽之苗裔」，則「厥初生民，時惟姜嫄」也．「紉秋蘭以爲佩」，則「將翺將翔，佩玉瓊琚」也．「夕攬洲之宿莽」，則易「潛龍勿用」也．「駟玉虬而乘鷖」，則「時乘六龍以御天也」．「就重華而陳詞」，則尚書咎繇之謀謨也．「登崑崙而涉流沙」，則禹貢之敷土也．故智彌盛者其言博，才益多者其識遠．屈原之詞，誠博遠矣．自終沒以來，名儒博達之士，著詞造賦，莫不擬則其儀表，祖式其模範，取其要妙，竊其華藻，所謂金相玉質，百世無匹，名垂罔極，永不刊滅者矣』(離騷章句敍)這樣加以解釋，則離騷在思想上合於忠孝君臣之道，而其行文造句，無不適合於經典的源流了．經過了儒家倫理化的工作以後，再給它以『百世無匹，名垂罔極』的贊語，也就無人反對了．詩經儒化於前，離騷儒化於後，於是這兩種純文學的詩篇都關在儒家的鐵籠裏了．

王充雖是儒家，他的思想却帶有很濃厚的道家色彩．因此他一方面承認儒家的倫理，同時他又尊重文學的價值．他覺得儒家所講的德行，只能見之於行爲，若要傳之於後世，必賴於文章．諸子的學說，比不上儒家的思想，他們能傳於後世而不消滅者，就是因爲他們有其可傳的文章在，可知文章與道德是平行的並重的，不能有所輕重．他深深地痛恨那些皓首窮經的學究，自已沒有一點思想，又寫不出好的文章來，只是集徒解經而已．他在書解篇說：『著作者爲文儒，說經者爲世儒．……世儒當時雖尊，不遭文儒之書，其迹不傳．』又在超奇篇說：『能說一經者爲儒生，博覽古今者爲通人，采掇傳書以上書奏記者爲文人，能精思著文連結篇章者爲鴻儒．儒生過俗人，通人勝儒生，文人踰通人，鴻儒踰文人．』在這裏他很明顯的表示著作的儒家要比解經的儒生高明得多．儒家要從事著作，文章不尊重不研究是不行的．並且文章有『載人之行傳人之名』的用處，還有『善人願載，思勉爲善，邪人惡載，力自禁裁』的偉大力量，所以『極筆墨之力，』能『定善惡之質，』文章本身有這麼大的效果，有這麼大的價值，這如何可以輕視呢？他這些理論的歸結，雖說沒有離開儒學的範圍，但他對於文學本身的價值已經很尊重，不是揚雄那種雕蟲篆刻壯夫不爲的態度了．這時候文學雖還不能從儒學的桎梏中完全脫離出來，但它已具有分離的覺悟與準備，只在等待着機會的到來了。

從建安到魏晉是儒學最衰微的時代。新興的思想家們，對於儒家和儒學，有的加以幽默的嘲笑，有的加以正面的攻擊，還有的在行爲上表現種種的破壞禮法的放浪行動，好像是要故意掃儒家的面子似的。當日的儒家雖偶有一二人發發議論，但大勢已去，不僅沒有反攻的力量，連保守也是沒有辦法的了。因此道家、佛學以及道教的各種思想，占領了全學術界。文學也就乘着這個解放自由的好機會，同儒學宣告獨立了。由漢代的倫理主義，變爲魏晉的個人主義，再變爲南朝時代的唯美主義了。從這一點講來，魏晉時代在文學史上，是有着重大的意義的。

對於這個文學獨立運動首先發動的人，大家都知道是曹丕。他雖是做了皇帝，但他那種曠達的性格，銳敏的情感，天賦的聰明，使他在文藝上發生了極大的興趣。他認爲人命利祿都是過眼的雲煙，只有文藝才有永久存在的生命。在他那篇有名的典論論文內，發表了許多對於文學可貴的見解。他首先敍述了對於建安七子的作品的品評，在這些品評裏，完全脫了儒家的倫理觀念，只以氣勢與個性爲標準。其次，他對於文學的對象，有離開六藝而注重純文學的傾向。他說：『夫文本同而末異。蓋奏議宜雅，書論宜理，銘誄尚實，詩賦欲麗。』奏議書論是散文，銘誄詩賦是韻文。宜雅宜理尚實欲麗，說得雖是簡單，但由此也可看出他對於文體的性質，分辨得很清楚，而下的字眼也是非常確切的。在這裏看不見宗經原道的意思，也沒有班固那套正統的倫理觀念，脫盡了儒學的桎梏，自由自在地說幾句乾淨話，這一點是非常可貴的．在後面雖有『西伯幽而演易周旦顯而制禮，』這只是著作可以傳世的證明，與宗經原道沒有什麼關係．其三，他覺得文學的本身有他獨立存在的生命，他的價值和用處，都非常重大．他說：『蓋文章經國之大業，不朽之盛事，年壽有時而盡，榮樂止乎一身，二者必至之常期，未若文章之無窮．是以古之作者，寄身於翰墨，見意於篇籍，不假良史之辭，不託飛馳之勢，而聲名自傳於後．』在這些話裏，已經有藝術至上主義的傾向，對於純文學的發展，是要給予以重大的影響的．

自曹丕開了論文的風氣，繼續着這種工作的人就多了．曹植的與楊德祖書，應瑒的文質論，劉楨也發表過論文的意見，可知論文在這時已成一種風氣．不過這些沒有什麼新穎的理論，略而不談．現在我們的眼光，不能不轉到晉朝陸機的文賦上面去．文心雕龍序志篇評論典論論文，密而不周，這話是不錯的，但在陸機的文賦內，把這缺陷大部份給他補償了．那篇文章因爲出自賦體，讀時有一點令人感着迷離，抓不住要點似的．只要稍稍細心，他的中心思想還是可以看得淸楚．

（一）內容形式的兩全　漢儒對於文章的觀念，着重內容，所以貴重義理．陸機覺得文章的內容雖是可貴，但其形式的美麗也不可忽略．他說：『理扶質以立幹，文主修以結繁．』又說：『辭程才以效技，意司契而爲匠．』又說：『其會意也尚巧，其遺言也貴姸，曁音聲之迭代，若五色之相宣．』他不僅主張用意修辭要尙姸巧，就是在聲音方面也要給以音樂的美感的．他這種思想，可以看作齊梁時代聲律論的先聲．

（二）好的文學作品一定要有情緒的感應　文學縱有美麗的形式，若無眞實的情感，作品仍是沒有活躍的生命．如應制的詩賦，應酬的壽序之類，我們看了覺得枯燥無味，就是這個原因．故他說：『遵四時以歎逝，瞻萬物而思紛，悲落葉於勁秋，喜柔條於芳春．……慨投篇而援筆，聊宣之乎斯文．』因時節事物的刺激，都可以使人生出情感，生出藝術創作的衝動性．到這時候援筆作文，一定可以達到如他說的『思風發於胸臆，言泉流於脣齒，文徽徽以溢目，音泠泠而盈耳』的境地了．這就是詩序中所說的『情動於中而形於言』的意思．若心中並無哀樂之情感，而强於歌詠，則其情狀必如他所說的『六情底滯，志往神留，兀若枯木，豁若涸流』的困境了．

（三）想像力爲文學重要的生命　文學雖貴於現實的取材，而必得經過想像力的組織與鍛鍊，始能達到藝術的成就．若專靠經驗實感，其結果難免平凡與薄弱．故他說：『其始也，皆收視反聽，耽思傍訊，精騖八極，心遊萬仞．其致也，情曈曨而彌鮮，物昭晣而互進．傾羣言之瀝液，漱六藝之芳潤，浮天淵以安流，濯下泉而潛浸．於是沈辭怫悅，若遊魚銜鉤而出重淵之深，浮藻聯翩，若翰鳥纓繳而墜曾雲之峻．』又說：『罄澄心以凝思，眇衆慮而爲言，籠天地於形內，挫萬物於筆端．』他在這裏告訴我們，豐富的想像力，可以『精騖八極，心遊萬仭，』可以籠天地挫萬物，偉大的作家，沒有不依賴這種想像的．

(四)反模擬　文學的有永久生命，因爲它在表現方面有它獨創的個性．抄襲模擬的東西，無論你的技巧怎樣高明，難免是優孟衣冠，終無永久存在的價値，不能爲人所重視．陸機也注意到這一點，他說：『雖杼軸於予懷，怵他人之我先，苟傷廉而衍義，亦雖愛而必捐．』又說：『收百世之闕文，採千載之遺韻，謝朝華於已披，啓夕秀於未振．』所謂謝已披之華，啓未振之秀，就是要發古人之所未發，言前人之所未言．若一味抄襲模擬，那就有點傷廉衍義了．

陸機提出來的這幾點，都是文學上的基本問題．他完全離開儒家倫理觀念的束縛，從純文學的觀點，發出許多可貴的議論．他這種思想，對於當代文學發展的影響，自然是很大的．於是大家都承認文學是一種獨立的藝術，專門論文的著述和文集編纂的著作，也就一天天多起來了．李充的翰林論，摯虞的文章流別志論與文章流別集這一類的書，一定是很貴重的文獻，可惜這些書都已散失，流傳下來的一鱗半爪，沒有什麼大的意義了．

陸機的文學思想，我們可以看作文學建設的理論．但對於傳統的儒家文學觀，加以破壞和攻擊的，是稱爲道教徒的葛洪．葛洪因爲有道士的臭味，一向被人輕視，但他在魏晉文學的批評史上，却有重要的地位．他雖是道教徒，但他同時又是一個學者，對於老莊的哲學，了解很深．他能以老子的自然論與莊子的進化論，應用到文學觀念方面去，所以他的見解，擊破了儒家的傳統觀念，而發出清新自由的理論了．

（一）德行文章並無本末之分　儒家的傳統觀念，把德行看爲根本，文章是枝末．文章再做得好，也只是騁辭耀藻，無補救於得失．所以儒家把文學看作是玩物喪志的小道，沒有什麼意義的，葛洪却大膽地推翻了這種理論．他說：『文章之與德行，猶十尺之與一丈，謂之餘事，未之前聞．夫上天之所以垂象，唐虞之所以爲稱，大人虎炳，君子豹蔚，昌旦定聖謚於一字，仲尼從周之郁，莫非文也．……且夫本不必皆珍，末不必悉薄．譬若錦繡之因素地，珠玉之居蚌石，雲雨生於膚寸，江河始於咫尺，爾則文章雖爲德行之弟，未可呼爲餘事也．』（尚博篇）文章與德行，正如一個半斤，一個八兩，有什麼輕重之分．天地萬物各有其文彩，也各有其用處．若以日月之光的實用，而輕視其文彩，這觀念自然是錯誤的．人有德行，正如日月之有光明，有文學，正如日月之有文彩，我們怎可有本末之分．即有本末之分，本不必皆珍，末不必悉薄，也不能作爲輕重的標準．並且他還進一步說：『德行爲有事，優劣易見．文章微妙，其體難識．夫易見者粗也，難識者精也．夫唯粗也，故銓衡有定焉，夫唯精也，故品藻難一焉．』（尚博篇）德行見於行爲，大半是出於做作，容易討好．文學出於表現，大半由於天才，其術難精．故德行粗淺，而文學精深．由這點看來，文學的艱苦微妙，反在德行之上了．他這種議論，確實是大膽的革命的，他把儒家作爲命根的德行看作是粗淺的東西，歷來不敢動搖的德本文末的觀念，也被他推倒了．這種思想，不在老莊學說極盛儒學衰微的晉代，是決不會產生的．

(二)文學是進化的　儒家向來還有一個傳統觀念，認爲什麼東西都是今不如古，養成一種自卑的復古的心理．稱聖人必曰周孔，稱帝王必曰堯舜，稱文章必講尙書，稱詩必道三百篇．他們的理由，是『古之著書者，才大思深，故其文隱而難曉．今人意淺力近，故露而意見．以此易見比彼難曉，猶溝澮之方江河，螘垤之與嵩岱矣．』這種理由，葛洪覺得是大錯的．他在鈞世篇說：『蓋往古之士，匪鬼匪神，其形器雖冶鑠於疇曩，其精神布在乎方策．情見乎辭，指歸可得．』他首先要破壞對於古人那種盲目崇拜的心理．古人並不是鬼也不是神，他也同我們一樣，是一個平凡的人．他們的作品精神，我們還可以見其情意，可以看出其眞形實狀．這種民主的解放的精神，是非常可貴的．至於說古文隱而難曉，今文露而易見，這並不是古文優於今文的標準，反是今文優於古文的證據．文章的用處，是以情感人，愈能通俗化，它的力量就愈大．若都像古文的隱而難曉，那文章等於無用了．並且古文的隱而難曉，只是時代變遷語言雜亂的原故，與才大思深絕無關係．今文的淺顯美麗，正是文學進化的結果，既不是今人的才疏，也不是力淺．故他說：『古書之多隱，未必昔人故欲難曉，或世異語變，或方言不同，經荒歷亂，埋藏積久，簡編朽絕，亡失者多；或雜續殘缺，或脫去章句，是以難知，似若至深耳．』又說：『且夫古者事事醇素，今則莫不雕飾，時移世改，理自然也。』他用時代的變遷，說到文學的進化，用言語不同，章句殘缺，古事醇素，今事雕飾種種合理的見解，來說明今古文章不同的原因。這種觀念，既合進化論的科學原理，其論點又非常正確，比起儒家那種盲目的拜古主義來，眞不知道要高明多少倍了。

他根據這種文學進化論的原則，斷定今文不僅不劣於古文，反要比古文富麗華彩。他說：『夫尚書者，政事之集也。然未若近代之優文詔策軍書奏議之淸富贍麗也。毛詩者，華彩之辭也，然不及上林羽獵二京三都之汪濊博富也。……其於古人所作爲神，今世所著爲賤，貴遠賤近，有自來矣。故新劍以詐刻加價，弊方以僞題見寶也。是以古書雖質樸，而俗儒謂之墮於天也。今文雖金玉，而常人同之於瓦礫也。』（鈞世篇）庸人俗士，自己不敢主張，只憑耳聞，不用眼力，於是演出凡古皆神，無今不劣的可笑可憐的見解了。葛洪駡那些人爲俗儒，實在是對的。他接着又說：『若夫論宮室，而奚斯路寢之頌，何如王生之賦靈光乎？同說遊獵，而叔畋盧鈴之詩，何如相如之言上林乎？並美祭祀，而淸廟雲漢之辭，何如郭氏南郊之豔乎？等稱征伐，而出車六月之作，何如陳琳武軍之壯乎？則舉條可以覺焉。近者夏侯寬潘安仁並作補亡詩，白華由庚南陔華黍之屬，諸碩儒高才之賞文者，咸謂古詩三百，未有足以偶二賢之作也。且夫古者事事醇素，今則莫不雕飾，時移世異，理自然也。至於罽錦麗而且堅，未可謂之減於蓑衣，輜輧妍而又牢，未可謂之不及椎車也。……若舟車之代步涉，文墨之改結繩，諸後作而善於前事，其功業相次千萬者，不可復縷舉也．世人皆知今之快於曩矣，何以獨文章不及古耶？』（同上）他這種一步進一步的論斷，使得那些俗儒是無法反攻的．現在許多衞道的先生們，愛用電燈電話，一提起白話文學，就深惡痛絕，望見洋裝書就頭痛，在一千多年前的葛洪看來，不是要大笑人類思想的不長進嗎？

葛洪因爲是思想家，在他的眼裏，比起文學來，他是較爲重視哲學的．所以當他把文哲二者同時並論的時候，他說過詩賦細文子書深博的話．就二者性質上的比較，這評語並不苛刻．這些話一點無損於他的獨特的文學見解，一點不顯出矛盾的弊病．他在魏晉的文學批評界，對於儒家的文學觀，下了激烈的總攻擊，擊破了儒家兩個最堅固的堡壘——一個是德本文末，一個是貴古賤今．而得出『德行粗淺文藝精深，』文學依着進化的原則，『今勝於古』的兩個最大膽最新奇的結論．在文學思想方面講起來，陸機的理論屬於純文學的建設，葛洪是對於舊觀念的破壞．但在那種新舊思潮交替的時代，葛洪的工作與價值，是較爲重要的．同時我們可以知道，魏晉的文學，能完全脫離儒家的桎梏，向個人主義自由主義方面發展，是有其學術思想的背境與原因，決不是一種偶然的現象．到了南朝，大批論文的專書出現，唯美主義的產生，這只是魏晉思想的進化，一點沒有什麼可驚奇可責備的了．

二　時代生活的反映

文學是社會生活與社會意識的反映。能夠把那時代的生活意識用文學的形式，用藝術的手法表現得愈是眞切，其作品的生命愈是活躍，其力量愈是偉大。所以在某種意義上，文學作品是可以看作文化的歷史的。文學家也可以看爲歷史家。建安魏晉時代的社會生活的動搖，農村的破產，商人的奢侈，富豪的剝削，戰爭的痛苦，外兵的侵入，政治的混亂黑暗，階級制度的嚴格，這種種情形，我在上面都略略談過，現在也無須詳說了。然而這種社會現象，一反映到文學作品裏，那種如畫的情境，比起歷史的記載來，要眞切得多動人得多了。

蔡琰的悲憤詩，是一篇五百四十字的五言敍事詩。這種詩體，在建安時代已經成熟了。有人懷疑這首詩不是蔡琰所作。關於作者問題，我不應該在這裏討論。但是我們斷定它是建安曹魏時代的作品，大概是沒有什麼疑問的。在這篇詩裏，作者敍述在董卓稱兵作亂的時候，匈奴乘機進來，擄去了不少的中國人，蔡琰也在內。她在匈奴住了十二年，生了兩個兒子。後來曹操設法把她接回來。她到家一看，那已經是人亡家破景象全非的悲慘的情景。她到這時候，已經沒有再活下去的勇氣了。

在這篇詩裏，作者有幾段動人的描寫。

(一)外兵對於漢人的虐待　『平土人脆弱，來兵皆胡羌。獵野圍城邑，所向邑破亡。斬截無孑遺，尸骸相撑拒。馬邊懸男頭，馬後載婦女。長驅入西關，迴路險且阻。還顧邈冥冥，肝脾爲爛腐。所略有萬計，不得令屯聚或有骨肉俱，欲言不敢語失意幾微間，輒言斃降虜要當以亭刃，我曹不活汝豈復惜性命，不堪其詈罵或便加捶杖毒痛參並下旦則號泣行夜則悲吟坐欲死不能得欲生無一可彼蒼者何辜，乃遭此厄禍』君權衰落軍閥作亂外兵乘機而入屠殺擄掠結果吃苦的還是無辜的小百姓馬邊男頭馬後婦女，把那遊牧民族的本色表現得很是眞切

（二）理智感情的衝突　蔡琰在國外十二年，思鄉懷國的情緒是時時襲着她的心靈的但一等到有回國的機會對於她那兩個親生的兒子，又捨不得離開在這裏產生出理智和感情的激烈衝突『兒前抱我頸問母欲何之人言母當去豈復有還時阿母常仁惻今何更不慈我尙未成人奈何不顧思見此崩五內恍惚生狂癡號泣手撫摩當發復回疑……去去割情戀遄征日遐邁悠悠三千里何時復交會念我出腹子，胸臆爲摧敗』在這胡兒的問話既是天眞又是悲苦世界上只有愛情是超越民族國家的界限的但是蔡琰在那時不能不忍着哀傷用理智用公義去克制私人的情感她心靈中那種激烈的矛盾的衝突比她當年被擄時候所受的痛苦不知道要深切多少倍了

（三）回家以後的情景　離開愛兒回到本家那情形是如何的呢？『既至家人盡又復無中外城郭爲山林庭宇生荆艾白骨不知誰縱橫莫覆蓋出門無人聲豺狼號且吠』十二年回來家鄉的情狀變成了荒涼世界房屋成了森林滿眼都是暴露的屍骨四無人聲只聽見豺狼的號吠這不是一幅建

安時代北方社會的寫實圖畫嗎?這不是一張戰亂以後的農村現象的照片嗎?在這裏有軍閥的作亂,有胡人的擄殺有胡漢人種的混亂,有社會現象的描寫,讀了這種文學作品,留給我們的印象比一部正史給我們的是更要生動更要有力的了.像這種作品除了文學本身的價值以外,是還有歷史的價值的.

再如曹操的蒿里行,曹植的送應氏,王粲的七哀詩,陳琳的飲馬長城窟諸詩,都是反映當日離亂生活的好作品.『鎧甲生蟣虱,萬姓以死亡.白骨露於野,千里無鷄鳴.生民百遺一,念之斷人腸.』(蒿里行)像曹操那樣的好漢,眼看了這種悽慘的情境,也不得不發生深深的歎息了.曹植的『洛陽何寂寞,宮室盡燒焚.垣牆皆頓擗,荆棘上參天.不見舊耆老,但覩新少年.側足無行逕,荒疇不復田.遊子久不歸,不識陌與阡.中野何蕭條,千里無人煙.』(送應氏)王粲的『出門無所見,白骨蔽平原.路有飢婦人,抱子棄草間.顧聞號泣聲,揮涙獨不還.未知身死處,何能兩相完.驅馬棄之去,不忍聽此言.』(七哀詩)陳琳的『長城何連連,連連三千里.邊城多健少,內舍多寡婦.作書與內舍,便嫁莫留住.善事新姑嫜,時時念我故夫子.』(飲馬長城窟)在這些詩句裏所給我們的印象,無異於一捲建安時代的社會影片.在那裏有頹垣敗壁的城市,有荒凉寒亂的田園,有拋兒棄女的飢婦,有慘不忍聞的哭聲,有在家守着的寡婦,有在邊塞作苦工的良民.因這些影片,使我們清楚地看見了當日的社會生活狀態,和下層民衆悲苦的心情.

『太岳如市人死如林持金易粟貴於黃金.』(拾遺記)

『雖有千黃金無如我斗粟斗粟自可飽千金何所直.』(同上)

這些童謠,才眞是民衆的呼聲.有了錢還買不到粟米,無錢的只有拋兒棄女易子而食的路了.壯丁健卒,都徵去打仗築城,於是田園變成沙漠,房屋裏也生長樹木了.在這種悲慘的時代,在這種動搖的社會,儒家的倫理觀念,怎麼不失去力量,新的思想新的宗教,當然是要代之而起了.

其次,我們必得注意的,是孔雀東南飛那篇長詩.這篇詩的時代,有人說是建安,有人說是六朝,我想把它看爲魏晉時代的作品,是非常合宜的.這是一篇表現家庭問題的悲劇,人物個性的描寫,事件的組織,文字的素樸,對話的生動,使它在中國敍事詩的歷史上,占了最高的地位.最重要的,它提出了一個婚姻自由的問題,這問題在中國過去不知道苦了多少男女,一直到最近十幾年,才告解決.

在這詩裏,有兩點我們要注意.

(一)蘭芝的被遣,不是因她本身才德的缺陷,實因她門第卑賤的原因.魏晉時代,是階級制度最嚴,門第觀念最發達的時候.富貴二字,在魏晉人的眼裏,分辨得很清楚.貴人可以富,但富人不一定可以貴.因此有許多富豪情願賠本去弄個官做,好誇耀鄉里,以與貴人交接來往爲無上的光榮.這種故事，在當日的史書裏，我們是可以時常看見的．看蘭芝出嫁的時候，帶去了那多的嫁粧，她家裏恐怕是一個富戶或是商家，但門第一定很微賤，在社會上沒有什麼地位．由蘭芝的哥哥那麼想同官家攀親的一點看來，這種推想似乎很靠得住．焦家却不同，門第很高，年青的兒子已在衙門內做官，前途是無限的．所以他的母親不滿意這種婚姻，非叫兒子媳婦離開不可．她這種觀念，在她勸慰她兒子的那幾句話裏表現得很明顯．『汝是大家子，仕宦於台閣，愼勿爲婦死，貴賤情何薄．東家有賢女，窈窕艷城郭．阿母爲汝求，便復在旦夕．』所謂『大家，』所謂『台閣，』所謂『貴賤情何薄，』等等，便是這悲劇的基礎．

(二)魏晉時代，舊禮教舊道德的權威已日趨崩壞，青年男女都在要求解放自由的生活，對於家長的專制，不能像從前那樣俯首貼耳地服從了．男女的心裏，都懷着個人主義的覺醒，對於自己應走的路，有所考慮，有所決定了．蘭芝雖被迫回家，但她反對再嫁，仲卿雖被迫離婚，但他拒絕再娶．雙方家長的命令，已經不能指揮當日覺醒的男女了．『不自由，毋寧死，』仲卿與蘭芝最後的結果，算是實踐了這偉大的格言．

孔雀東南飛的作者，處理這家庭的悲劇的時候，他是以這門第觀念與自由鬥爭的精神爲其基礎，而引到無可避免的悲劇的路上去的．因此在這詩裏，他表現了當日的社會意識與生活狀態，而增高其作品的價值，成爲寫實的名篇了。

三　個人主義的浪漫文學

像悲憤詩孔雀東南飛那樣帶有社會性的民間作品，畢竟是少數，要作爲魏晉文學的代表的，還是那些出於文人手筆的個人主義的作品。那些作品是以當日流行的道家道教佛教思想爲根底，離開現實的世俗，充分地表現出一種超然的浪漫情緒。由這些作品很明顯地映出當代智識階級的心理意識。他們把老莊的無爲遁世道教的神仙佛教的厭世各種思想一齊揉雜起來，再借着古代許多神話傳說爲材料，描出各種各樣的玄虛世界。於是崑崙蓬萊成了他們歌詠的仙境，宓妃成了神女，人面獸身的西王母變成了觀世音，王喬羡門赤松子河上公這些仙人逸士都成爲他們最高的人生理想了。山海經穆天子傳成爲文學材料的源泉，郭璞也得用漢儒解經的工夫來加以註解了。以儒家名世的皇甫謐，也寫起高士傳來了。陶淵明也以讀山海經爲題材而作詩了。招隱遊仙成爲當代最流行的詩題了。我們可以說，魏晉的文學，是完全建築在當日的哲學思想與宗教思想的基礎上的。這種哲學宗教思想的構成，又以當日的政治現象與民生狀況爲基礎。關於這方面的解說，我在前面曾有較詳的敍述，此地只得從略了。我在這裏想把他們的作品列舉幾首，使讀者可以得着更明顯的印象。

(一)老莊的哲理思想:

『大道雖夷,見幾者寡.任意無非,適物無可.古來繞繞,委曲如瑣,百慮何爲,至要在我.寄愁天上,埋憂地下.叛散五經,滅棄風雅.百家雜碎,請用從火.抗志山西,遊心海左.元氣爲舟,微風爲柂.敖翔太清,縱意容冶.』(仲長統)

『絕聖棄學,遊心於玄默.絕聖棄學,遊心於玄默.遇過而悔,當不自得.垂釣一壑,所樂一國.被髮行歌,和者四塞.歌以言之,遊心於玄默.』(嵇康·秋胡行之六)

『詳觀凌世務,屯險多憂虞.施報更相市,大道匿不舒.夷路值枳棘,安步得焉如.權智相傾奪,名位不可居.鸞鳳避罻羅,遠託崑崙墟.莊周悼靈龜,越稷嗟王輿.至人存諸己,隱璞樂玄虛.功名何足殉,乃欲列簡書.所好亮若茲,楊氏歎交衢.去去從所志,致謝道不俱.』(嵇康·答二郭之三)

這種作品不知道有多少.最顯著的如曹植的玄暢賦、釋愁賦、髑髏說,嵇康的秋胡行、酒會詩、答二郭、與阮德如、述志詩,阮籍郭璞的詩幾乎全部是道家的哲理與神仙隱士的思想織成的.再如在張華、孫楚、陸機、石崇他們的詩篇裏也時時露出道家的言語來.到了孫綽許詢,再加以佛理,詩就更枯淡無味了.詩品說『永嘉時貴黃老,稍尙虛談.於時篇什理過其辭,淡乎寡味.爰及江表,微波尙傳.孫綽許詢桓庾諸公詩,皆平典似道德論.』文心雕龍明詩篇說:『自中朝貴玄,江左稱盛.詩必柱下之旨歸,賦乃漆園之義疏.』檀道鸞續晉陽秋也說:『正始中何晏王弼好莊老玄勝之談,而俗遂貴焉.至過江佛理尤盛。故郭璞五言，始會合道家之言而韻之。詢及太原孫綽轉相祖尙，又加以三世之辭，而詩騷之體盡矣。』這些批評都相當確切，不過道家詩文並非起於郭璞，從仲長統開始，曹植阮籍嵇康以及西晉的文人，都寫了不少的道德論式的作品，到了東晉，如孫綽許詢之流，才性較差，所作無論詩賦，都變爲道經與偈語，眞是理過其辭，淡乎寡味了。

(二)高蹈的遊仙思想：

『乘蹻追術士，遠之蓬萊山。靈液飛素波，蘭桂上參天。玄豹遊其下，翔鶤戲其巓。乘風忽登舉，彷彿見衆仙。』(曹植．升天行)

『危冠切浮雲，長劍出天外。細故何足慮，高度跨一世。非子爲我御，逍遙遊荒裔。顧謝西王母，吾將從此逝。豈與蓬戶士，彈琴誦言誓。』(阮籍．詠懷之五十八)

『遊仙聚靈族，高會層城阿。長風萬里舉，慶雲鬱嵯峨。虙妃與洛浦，王韓起太華。北徵瑤台女，南要湘川娥。肅肅霄駕動，翩翩翠蓋羅。羽旗棲瓊鸞，玉衡吐鳴和。太容揮高絃，洪崖發淸歌。獻酬旣已周，輕舉乘紫霞。總轡扶桑枝，濯足湯谷波。淸輝溢天門，垂慶惠皇家。』(陸機．前緩聲歌)

『青青陵上松，亭亭高山柏。光色冬夏茂，根底無雕落。吉士懷貞心，悟物思遠託。揚志玄雲際，流目矚巖石。羨昔王子喬，友道發伊洛。迢遞陵峻岳，連翩御飛鶴。抗跡遺萬里，豈戀生民樂。長懷慕仙類，眩然心緜邈。』(何劭．遊仙詩)

『京華游俠窟，山林隱遯棲。朱門何足榮，未若託蓬萊。臨源挹清波，陵岡掇丹荑。靈谿可潛盤，安事登雲梯。漆園有傲吏，萊氏有逸妻。進則保龍見，退則觸藩羝。高蹈風塵外，長揖謝夷齊。』（郭璞・遊仙詩）

這例的詩實在多得無法詳舉。就是在曹操的氣出唱、精列、陌上桑、秋胡行諸詩裏，已充滿了仙道的典故。阮籍的詠懷詩，到處都是王喬、羨門、赤松、河上的字眼。曹植有洛神賦、仙人篇、游仙篇、遠遊篇。王粲、陳琳都有神女賦，張華、張協、成公綏、何劭、郭璞都有遊仙詩。庾闡、帛道猷都有採藥詩。在這些作品裏，他們採用古代的神仙傳說和一切奇異神祕的材料，造成一個美麗空虛的仙界。由這種藝術的象徵的暗示性，一面作者可以寄託自己苦悶的靈魂，同時又可引導讀者走入那種神奇的太虛幻境。

(三)避世的隱逸思想：

『杖策招隱士，荒塗橫古今。巖穴無結構，邱中有鳴琴。白雲停陰岡，丹葩曜陽林。石泉漱瓊瑤，纖鱗或浮沈。非必絲與竹，山水有清音。何事待嘯歌，灌木自悲吟。秋菊兼餱糧，幽蘭間重襟。躊躇足力煩，聊欲投吾簪。』（左思・招隱）

『仰視碧天際，俯瞰淥水濱。寥闃無涯觀，寓目理自陳。大矣造化工，萬殊莫不均。羣籟雖參差，適我無非新。』（王羲之・蘭亭集詩）

『少無適俗韻，性本愛丘山。誤落塵網中，一去三十年。羈鳥戀舊林，池魚思故淵。開荒南野際，守拙歸田園。方宅十餘畝，草屋八九間。楡柳蔭後園，桃李落堂前。曖曖遠人村，依依墟里煙。狗吠深巷中，雞鳴桑樹巔。戶庭無塵雜，虛室

有餘閒。久在樊籠裏，復得返自然。』（陶潛・歸田園居之一）

再如陸雲有逸民賦逸民箴，阮瑀、陸機、張載、閭邱冲都有招隱詩。這一類作品在魏晉文學中是最上等的最優秀的作品，哲理詩過於枯淡，遊仙詩過於玄虛。只有這種文學看去似乎枯淡，却又豐腴，看去似乎玄虛，却又實在。在這些作品裏，脫離了現世的塵俗，表現一個合乎人情味的境界。這一個境界，不像仙界那麼神祕玄妙，是一個人人能走得到能體會得到的自然境界。在那裏有美麗的畫意，有濃厚的詩情，一切都顯示着純潔，一切都表現着自然。我們讀了陶詩和他的歸去來辭、五柳先生傳、桃花源記諸作，會感到自己的污濁的身心，投在深山的清泉裏洗了一個澡那樣清涼的心境的罷。

(四)現世的快樂思想：

『驅車上東門，遙望郭北墓。白楊何蕭蕭，松柏夾廣路。下有陳死人，杳杳即長暮。潛寐黃泉下，千載永不寤。浩浩陰陽移，年命如朝露。人生忽如寄，壽無金石固。萬歲更相送，賢聖莫能度。服食求神仙，多爲藥所誤。不如飲美酒，被服紈與素。』（古詩十九首之一）

『生年不滿百，常懷千歲憂。晝短苦夜長，何不秉燭遊。爲樂當及時，何能待來茲。愚者愛惜費，但爲後世嗤。仙人王子喬，難可與等期。』（同上）

這兩首詩，看其反對服食採藥求仙的語意，一定出於道教思想流行以後，大概是建安曹魏時代的作品.

『對酒當歌,人生幾何?譬如朝露,去日苦多.慨當以慷,憂思難忘.何以解憂,惟有杜康.……』(曹操·短歌行)

『……盛固有衰不疑,長夜冥冥無期.何不馳驅及時,聊樂永日自怡.齎此遺情何之,人生居世爲安.豈若及時爲歡,世道多故萬端.憂慮紛錯交顏,老行及之長歎.』(陸機·董桃行)

『蒲萄四時芳醇,瑠璃千鍾舊賓.夜飲舞遲銷燭,朝醒絃促催人.春風秋月恆好,驩醉日月言新』(陸機·飲酒樂)

『人生無根蒂,飄如陌上塵.分散逐風轉,此已非常身.落地爲兄弟,何必骨肉親.得懽當作樂,斗酒聚比鄰.盛年不重來,一日難再晨.及時當勉勵,歲月不待人.』(陶潛·雜詩)

『昔聞長者言,掩耳每不喜.奈何五十年,忽已親此事.求我盛年歡,一毫無復意.去去復欲遠,此生豈再值.傾家時作樂,竟此歲月駛.有子不留金,何用身後置.』(同上)

詩人的心境時時刻刻是矛盾的爭鬥的,就在這種苦悶衝突的情感裏,產生藝術.他們有時要談空虛的哲理,有時又要追求玄妙的神仙,有時又感到那些境界過於空虛,還不如飲酒作樂,及時求歡.於是這種現世的快樂思想,在魏晉的文學裏,呈現着濃厚的色彩.我們看看阮籍劉伶的生活,看看楊朱篇內的思想,同這種作品,正是一致的情調.

由上面這幾點看來，魏晉文學是離開社會的現實趨於個人的理想的路上而發展着的當日的文人，與其說他們住於現實的世界中不如說是住於虛構的想像的神祕的世界中。他們幾乎全都是空想家，他們的生活幾乎變成夢幻一般的玄虛夢幻一般的美麗了。就在這夢幻的玄虛中他們的靈魂有了寄託，得到滿足，他們同現實便愈離愈遠了。他們的心境，漸漸由積極變爲消極，由憤慨變爲玄默，由避人變爲避世，最後入於陶淵明的淨化了。但由這種文學作品所反映出來的社會意識與當日流行的哲學思想宗教觀念，完全是一致的。無論文學哲學，都同樣是老莊和佛道二教的思想磨成粉末再加以水分的調和而成的一種結晶品。這種結晶品，又一定要在有魏晉那種時代環境的冰箱裏，才可以凝固，才可以完成。所以在嘗試這種食品之前，對於那隻特殊情形的冰箱和各種各樣的原料，在前面的幾章裏，都加以較詳的分析了。

四　小說書畫的新傾向

反映當代那種哲學思想宗教觀念的文學作品，不僅詩賦是如此，在當日的小說內，也是非常明顯。所謂魏晉特盛的神怪小說，就是以那種思想觀念爲基礎而發展起來的。如託名東方朔的神異經、十洲記，託名班固的漢武帝故事、漢武帝內傳，託名郭憲的洞冥記，託名劉歆的西京雜記，都是魏晉人的作品。再如魏文帝的列異傳，張華的博物志，干寶的搜神記，荀氏的靈鬼志，戴祚的甄異錄，祖冲之的述異記，陶潛的搜神後記諸書，雖有存亡，雖有後人的增刪，然而他們的基本意識是一致的。無論出於文人，或是出於教徒，無不言神仙道術及遠方怪異之事。在那些書名上，便已充分地表現了作品的內容和思想。穆天子傳，山海經和許多古書內的怪人怪獸怪山川怪草木，到了魏晉，都加了鋪張的描寫，有的加以聰明的靈性，有的加以美麗的面貌了。西王母在山海經內是一個怪物。

『西海之南，流河之濱，赤水之後，黑水之前，有大山，名曰崐崙之丘。有神，人面虎身，有文有尾，皆白處之。其下有弱水之淵環之，其外有炎火之山，投物輒然。有人戴勝，虎齒有豹尾，穴處，名曰西王母。此山萬物盡有。』（大荒西經）

這種人獸合成穴居野處的怪物，是很可怕的。但到了漢武帝故事漢武帝內傳內，西王母變成人人愛的仙姑美女了。

『到夜二更之後，忽見西南如白雲起，鬱然直來，徑趨宮庭，須臾轉近，聞雲中簫鼓之聲，人馬之響。半食頃，王母至也。縣投殿前，有似鳥集，或駕龍虎，或乘白麟，或乘白鶴，或乘軒車，或乘天馬，羣仙數千，光耀庭宇。既至，從官不復知所在，唯見王母乘紫雲之輦，駕九色斑龍，別有五十天仙。……王母唯扶二侍女上殿，侍女年可十六七，服青綾之袿，容眸流盼，神姿清發，眞美人也。王母上殿，東向坐，著黃金褡襹，文采鮮明，光儀淑穆，帶靈飛大綬，腰佩分景之劍，頭上太華髻，戴太眞晨嬰之冠，履玄璚鳳文之舃，視之可年三十許，修短得中，天姿掩藹，容顏絕世，眞靈人也。』（漢武帝故

事）

到了魏晉，王母穿起了文化的衣冠，戴了珠寶的首飾，成了天姿掩藹容顏絕世的仙女，比起上面所表現的那種人面獸身的怪物來，眞有天地之差了．這種作品對於神仙宣傳的力量，遠在抱朴子以上．這種美麗的文字，若有其事的描寫，會使讀者精神恍惚，忘去現實，而沉迷於這種玄虛的仙境的罷．

神仙以外，寫鬼的很多．且舉列異傳一條．

『南陽宗定伯年少時，夜行逢鬼，問曰，誰？鬼曰，鬼也．鬼曰，卿復誰？定伯欺之，言我亦鬼也．鬼問欲至何所，答曰欲至宛市，鬼言我亦欲至宛市．共行數里．鬼言步行大亟，可共迭相擔也．定伯曰大善．鬼便先擔定伯數里，鬼言卿大重，將非鬼也．定伯復言，我新死，故重耳．定伯因復擔鬼，鬼略無重．如是再三．定伯復言，我新死，不知鬼悉何畏忌？鬼曰，唯不喜人唾．……行欲至宛市，定伯便擔鬼至頭上，急持之．鬼大呼，聲咋咋索下．不復聽之，徑至宛市中，著地化爲一羊，便賣之．恐其便化，乃唾之，得錢千五百』（法苑珠林六）

再看搜神記中的一條：

『漢下邳周式，嘗至東海，道逢一吏，持一卷書，求寄載，行十餘里，謂式曰，吾暫有所過，留書寄君船中，愼勿發之．去後，式盜發視書，皆諸死人錄，下條有式名，須臾吏還，式猶視書．吏怒曰，故以相告，而忽視之．式叩頭流血．良久，吏曰，感卿遠相載，此書不可除卿名，今日已去，還家三年不出門，可得度也．勿道見吾書．式還，不出已二年餘，家皆怪之．鄰人卒亡，父怒，使往弔之，式不得已，適出門，便見此吏。吏曰：吾令汝三年勿出門，而今出門，知復奈何？吾求不見，連累爲鞭杖，今已見汝，可復奈何？後三日中當相取也。……至三日日中果見來取，便死。』（卷五）

或是談神仙，或是說鬼怪，或是敍述奇異的山川草木，無不是以魏晉當日流行的那種玄虛思想爲基礎。在詩賦方面所表現的偏重於哲理與人生觀，在小說裏可以看出道佛二教的宗教觀念與迷信色彩，是占滿了民衆的頭腦了。魏晉的哲學家信奉自然觀的宇宙學說，反對神鬼存在與善惡報應，但到了小說家把哲學思想民衆信仰一齊揉雜起來，在小說裏大量地表現出來了。

反映這種思潮的，不僅是文學，就是當日的圖畫也是如此。漢晉的畫我們現在雖無法看見，但在史書的記載裏，我們還可考見其內容和由那些內容所反映出來的意識。漢代的圖畫，史書告訴我們，壁畫居多。其內容或爲歷代帝王及忠臣烈士的肖像，或爲孔子及七十二門徒的肖像。在這裏有兩點我們必得注意。(一)因其題材可以知道漢畫是儒家倫理觀念的表現，是封建社會對於帝王聖賢的崇拜。(二)因其爲牆壁的裝飾品，可以知道圖畫還未能成爲一種獨立的藝術。但到了魏晉，無論題材作用，都改變了。其改變與文學的變動是一致的步調。那便是由倫理的趨於個人的，由現實的趨於玄虛的，由實用的而趨於藝術的了。由古人的記載，留下了許多畫目。在那些名目裏，他們的畫材，我們可以分爲三大類。

(一)神仙釋道　吳曹不興之赤龍圖晉張墨之維摩詰變相圖顧愷之的列仙圖、三天女像、八國分舍利圖史道碩的周穆王八駿圖夏侯瞻的楚人祀鬼圖戴逵的五天羅漢圖明帝的洛神賦圖等

(二)高人隱士　魏高貴鄉公的盜跖圖嵇康的巢由洗耳圖楊修的嚴君平賣卜圖顧愷的謝安像戴逵的嵇阮圖等

(三)山水　魏高貴鄉公的黃河流勢圖晉夏侯瞻的吳山圖戴逵的吳中溪山邑居圖戴勃的九州名山圖等

由這些題材同漢代的帝王聖賢的肖像比較起來畫風的改變不是極明顯的事嗎?由釋道神仙高人隱士以及山水風景這些材料看來魏晉的畫同當代的脫離現實追模玄虛的個人主義的哲學思潮是取一致的步調了畫與文學無論內容或精神也完全調和起來了

其次是中國的畫到了魏晉漸漸地脫離了漢代的裝飾的實用的意味而走向獨立的藝術的地位了正如魏晉時代有專門討論文章的文字一樣在畫界如顧愷之之流也有評畫論畫的文字了他們對於用筆用墨設色及位置等等都提出來加以細密的注意漢代從未顧到的陰影法遠近法到了魏晉也爲一般人所研究討論了較之純以線條爲主純以裝飾爲用的漢畫魏晉的畫自然是進步得多了林風眠評顧愷之的女史箴圖說:『衣飾皆用曲線描寫生動的體態確能充分地表現出來』

（重新估定中國繪畫的價值）李朴園也說『中國繪畫到了魏晉時代，已經不拘於裝飾的單純的笨拙的趣味，已隨着經濟條件的專門化而深刻化了。』（中國藝術史）由這些話，可以知道漢代與魏晉的畫有很明顯的差異，而這差異，是以當代政治狀況哲學思想經濟條件與宗教觀念爲其基礎的。因爲這些基礎，文化界的各方面，都向着解放自由的路上走，各自建立各自的新生命。不僅文學繪畫是如此，就是書法，也是遵循一致的路線發展的。我們只要看看由漢隸楷書變到王羲之父子那樣如行雲流水般的行草，那種解放自由的精神活躍的個人主義的情感與生命，眞是再明顯也沒有了。

這樣看來，魏晉的文化思想，可以說是舊的破壞時代，同時又是一個新的建立時代。無論哲學文藝宗教人生觀各方面，都脫離了舊時代的桎梏，活躍而又自由地發展着新的生命。這些新生命，都是後代文化思想的重要種子。在這個時代，從某種意義上說，是有着文藝復興的意味的。不過在正統派如韓愈蘇軾之流，却看作是中國學術界的黑暗時代。文藝復興也好，黑暗時代也好，我們用着個人主義與浪漫精神去觀察魏晉時代的文化思想界的全體，是沒有什麼錯誤的罷。

第七章　魏晉時代的清談

一　清談的發展

經過東漢末年兩次黨禍的大屠殺以後，讀書人不敢評論實際的政治了他們的談論，由政治方面轉到人物的方面去所謂人物，並非那些當朝掌政的偉人只是古代的或是鄉黨的人物而已。採取這種題材，較可自由發揮議論，不致於觸犯國法而自己的牢騷憤慨，也可藉此發洩一點。在這種情形之下，於是談論的風氣就一天天地興盛起來。

郭林宗是漢末的一個大名士。他由儒入道，善於保身，所以黨禍起來，他却安然地保全了性命。在那一個亂世，這種進不傷德退可保身的人，正爲士林的模範，所以當時的人無不景仰他稱贊他。范滂批評他說：『隱不違親，貞不絕俗，天子不得臣，諸侯不得友，吾不知其他。』在這幾句話裏，我們可以看出這個人的品行是極其高尙的。本傳說：『身長八尺，容貌魁偉，褒衣博帶，周遊郡國。嘗於陳梁閒行，遇雨，巾一角墊。時人乃故折巾一角，以爲林宗巾。其見慕皆如此。』他這種品行和風度，正是魏晉時代名士的理想典型。本傳又說他『善談論，美音制，……善人倫而不爲危言覈論。』可知他既善於談論，又善於鑑別人的賢愚善惡。最妙的是他的言語表現，能恰到好處，沒有什麼危言覈論，免得傷人或是犯法。他批評袁奉高黃叔度二人說：『奉高之器，譬之泛濫，雖清而易挹。叔度之器，汪汪若千頃之波，澄之不清，撓之不濁，不可量也。』（見本傳）他這種有幽默有詩意又有褒貶的辭令，放在魏晉的清談裏，自然也是屬於上品的。

談話的內容不管它是什麼，但談論的時候，必得有對像。因此同郭林宗往來的朋友，也都是善於談論的人。後漢書謝甄傳說：

『謝甄字子微，汝南召陵人也。與陳留邊讓並善談論，俱有盛名。每共候林宗，未嘗不連日達夜。』

又符融傳說：

『符融後遊太學，師事少府李膺。膺夙性高簡，每見融，輒絕他賓，聽其言論。融幅巾奮袖，談辭如雲。膺每捧手歎息。郭林宗始入京師，時人莫識，融一見嗟服。』

又邊讓傳說：

『邊讓少辯博，能屬文。……議郎蔡邕深敬之，乃薦於何進曰：……心通性達，口辯辭長，非禮不動，非法不言，若處狐疑之論，定嫌審之分，經典交至，檢括參合，衆夫寂焉，莫之能奪也。』

到了許劭，這種談論的形式更趨明顯，談論的內容也更加確定了。後漢書本傳說：『少峻名節，好人倫。……劭與靖俱有高名，好共覈論鄉黨人物，每月輒更其品題，故汝南俗有月旦評焉。』靖是許劭的哥哥。蜀志說：『許靖字文休，少與從弟俱知名，並有人倫臧否之稱。』可知他們兩兄弟，都是以評論人物聞名鄉里。因此曹操在微賤的時候，卑辭厚禮請求他品評一下。許劭看他不起，不肯說什麼。後來因爲曹操的脅迫，許劭不得已說了兩句『君清平之姦賊，亂世之英雄，』曹操聽了覺得很滿意，便高高興興地走了。由這一件故事看來，那時候許劭的品評人物，有一點像現在的看相算命，收受人家的禮物，似乎是有點職業的意味了。

由上面這些記載，我們可以知道在東漢末年，一般高人逸士之流，都歡喜談論，其談論的內容，是偏重人物的品評。他們的思想似乎是以儒學爲根底，鑒別人物的方法，似乎只是憑着個人的直覺的觀察。所謂老莊的玄學色彩，與名家的論辯方法，對於這一些人的談論，還沒有多大的影響。但是談論的風氣，已由他們開了，讀書人士都覺得談論很有樂趣，大家都注意起來了。這種風氣對於魏晉清談的發展，自然是很有影響的。

三國時代的政治情形，同戰國時候很相像。軍閥割據一方，各人都想擴展地盤，以圖進取。在這種現狀之下，儒家的德化政治，自然是無人過問，代之而起的，是法術縱橫家了。握着實權的人，採取法術權謀的政策，以鞏固自己的地位。縱橫家是辦外交和當說客的人，非靠言語不可。當時魏蜀吳三方鼎足而立，有時和，有時戰，各方來往的使臣非常頻繁，無不是用言語取勝。所謂武力戰與辭令戰，在三國時代是同樣重要的。三國演義內的諸葛亮舌戰羣儒，雖是一段小說的描寫，然而當時縱橫家活躍的情形，確是非常利害的。大概蘇秦張儀之流成爲當日政客們的景仰者了。難怪曹操在求才的命令裏，把蘇張和伊管相提並論。我們讀三國志，可以看見許多有點政治眼光的聰明人，常常以巧妙的言語，得到升官發財的機會。這種風氣一開，於是一些窮困之士，都步着蘇秦張儀的後塵，留心縱橫之術的言語學，想以此干祿取利了。到了晉朝，這種風氣還是存在。稱爲名士的王衍，就是一個學縱橫之術的人。（見本傳）後來受了老莊學說的影響，才轉到哲學的玄談上去。

縱橫家因爲政治上的需要，走這條路的人自然就會多起來。於是言語爲人所重，大家都注意它學習它了。不用說這種縱橫家的言論，完全是屬於政治的，自然不能算爲清談。但是他們那種尊重言語的風氣，以及對於言語藝術的修練，給予清談以相當影響的事，我們是必得承認的。

因爲要研究言語的藝術，求官從政的人，取法於蘇秦張儀的縱橫術，學術界中人必得注意惠施公孫龍那一派的辯論學了。惠施的厤物十事，公孫龍輩的二十一事，載在莊子天下篇裏，是成爲名家的重要文獻的。他們所講的，歸納起來，只是時間空間的分割區別，都非實有，天地間萬物的大小同異，都非絕對，以及知識論名實論的種種問題。而這些問題，其根底都以老莊的哲學爲歸宿。他們的思想雖是如此，但他們在表現方面，却建立一個新的論理系統。當時的人們，還沒有受過論理學的訓練，看了他們那一套理論，覺得有點顚倒是非强詞奪理的毛病，說他們是詭辯．莊子天下篇說：『惠施多方，其書五車．其道舛駁，其言也不中……桓團公孫龍辯者之徒，飾人之心，易人之意，能勝人之口，不能服人之心，辯者之囿也．』荀子非十二子篇也說：『不法先王，不是禮義，而好治怪說，玩琦辭，甚察而不急，辯而無用，多事而寡功，不可以爲治綱紀．然而其持之有故，其言之成理，足以欺惑愚衆，是惠施鄧析也．』這一派人的學說，在古人看來，只是故作琦辭怪說，以反人爲實而欲以勝人爲名，是沒有什麼用處的．在現在稍稍有點初步的論理學知識的人，覺得他們所講的非常平凡淺顯，並沒有什麼可奇可怪的地方．兼以他們不法先王不是禮義，在儒家看起來，說他們是異端．因此在戰國曾盛極一時的名家，到漢代幾乎中絕了．在那一個長時代，似乎只有那個以滑稽著名的東方朔，稍稍懂得一點．鹽鐵論褒賢篇云：『東方朔自稱辯略，消堅釋石，當世無雙．』所謂消堅釋石，就是離堅白的意思．可知東方朔至少是讀過公孫龍的著作的．自此以後，就默默無聞了．

到了漢末，高人逸士的談論風氣與政客們的縱橫術興盛起來，於是這一派名家的學說，也就在讀書界復活了．我們在古書上，可以發現許多材料，證明惠子公孫的思想理論，在當日的學術界，非常流行，遠非兩漢時代那樣的衰微寂寞了．

三國魏志鄧艾傳引荀綽冀州記說：

『爰翰子俞字世都，清貞貴素，辯於論議，採公孫龍之辭，以談微理，少有能名．』

又魏劉劭趙都賦云：

『論折堅白，辯藏三耳．』（太平御覽四百六十四）

可知在魏時已經有許多人在研究名家的學說，採取公孫龍之辭，以談微理而享盛名了．劉劭受名家的影響更深，他的人物志正是根據公孫龍的名實論和他的論證方法而對於人物的性情才能各方面加以分析解剖的好作品．到了晉朝，那種傾向更是明顯．

晉書魯勝傳說：

『魯勝著述為世所稱，遭亂遺失．惟注墨辯存．其敍曰，名者所以別同異，明是非，道義之門，政化之準繩也……荀卿莊周皆非毀名家，而不能易其論也．名必有形，察形莫如別色，故有堅白之辯．名必有分明，分明莫如有無，故有無序之辯．是有不是，可有不可，是名兩可．同而有異，異而有同，是之謂辯同異．至同無不同，至異無不異，是謂辯同辯異．同異生是非，是非生吉凶．取辯於一物，而原極天下之汙隆，名之至也．自鄧析至秦時，名家者世有篇籍，率頗難知，後學者莫復傳習，於今五百餘歲，遂亡絕．……又採諸家雜集為形名二篇，略解指歸，以俟君子，其或興微繼絕者，亦有樂乎此也．』

爰俞是採取公孫龍之辭，以談微理，劉劭是取其論學的方法，以寫著作，魯勝卻是進一步，直接研究名家的學說的他一面提高名家的地位與辯論的價值說名學是道義之門政化之準繩孟子荀子的非難是不對的同時慨歎名家學說五百年的亡絕所以他爲墨辯作注以外更採諸家之說著形名二篇表揚名家的眞義他同當時文壇的巨子張華很相好他的作品在當時的讀書界一定是很流行的可惜形名二篇早已散亡我們現在無從考察其內容了。

又世說新語文學篇說：

『謝安年少時請阮光祿道白馬論爲論以示謝於時謝不卽解阮語重相咨問阮乃歎曰非但能言人不可得，正索解人亦不可得。』

阮光祿是阮籍的族弟阮裕是當時一個曠達的名士清談大家王羲之對他推崇備至劉惔以善談著名講到清談辯論似乎還比他不上劉惔說過『我入東正當泊安石渚下耳不敢復近思曠旁（阮裕字思曠）裕雖不博學論難甚精』（見晉書本傳）阮家子弟風氣習尚大略相同阮裕旣是精通名家學說那麼阮籍阮咸阮瞻阮修之流想都是研究過的或者阮裕在這方面的成就較爲好一點，所以謝安請他作先生演講白馬論同時我們又可推想名家學說在當時一定很流行因此謝安在少年時代就開始學習以備後日應用可知惠施公孫龍那一派的辯論學在當日清談人的眼裏是非常重視的大概那種學問中絕了幾百年善於講論的人很少所以阮裕看見謝安講了還不懂便說出不僅能言人難得,就是瞭解的人也很難得的感慨的話了.在列子仲尼篇『白馬非馬』的句下,張湛注云:『此論見存,多有辨之者.辨之者皆不弘通,故闕而不論也.』這與阮裕說的能言人不可得的意思,大略相同.但從『多有辨之者』那一句看來,當日討論那一派學說的人,一定是很不少的了.世說新語文學篇又說:『司馬太傅問謝車騎,惠子其書五車,何以無一言入玄.謝曰,故當是其妙處不傳.』清談家是以老莊的玄學思想爲主體,同時又要研究名家的學說.司馬道子覺得惠施其書五車,沒有一言入玄,所以發出這樣的疑問.謝玄的回答,當日很受人稱讚,其實是不對的.在他那有名的歷物十事內,已經建立了他的宇宙觀與人生觀.人生觀好像有點像墨子的兼愛主義,但他的宇宙觀却與莊子齊物論內的觀念是一致的.從這一點,我們推想當日講惠子公孫的人,恐怕只注意白馬非馬堅白同異那一種奇辭怪說的辯論,沒有人把那些例證歸納起來,研究他們思想的歸宿.所謂『忘其精義,取其粗言,』這種現象是免不了的.由司馬道子謝玄們的問答看來,他們確是承認惠施只是詭辯不是玄學了.

在葛洪的應嘲篇內,也有類似的意見.他說:

『著書者徒飾弄華藻,張磔迂闊.屬難驗無義之辭,治靡麗虛言之美.有似堅白厲修之書,公孫刑名之論,雖曠籠天地之外,微入無間之內,立解連環,離同合異,鳥影不動,雞卵有毛,犬可爲羊,大龜長蚍之言,適足示巧表奇以誑俗，何異乎畫敖倉以救飢，仰天漢以解渴。』

他在這裏也只是注意到他們的示巧表奇的辯論，沒有注意到他們的哲學思想。同時又可看出當日文人的著書，都受了惠子公孫的影響。所以他說那些難驗無益之辭，靡麗虛言之美，都是無用的東西。葛洪是一個深受老莊思想的高等道教徒，但他對於清談中人的態度與行爲，是表示不滿意的。他在疾謬篇內，對於那般人曾下過激烈的攻擊。他說他們『終日無及義之言，徹夜無箴規之益。誣引老莊，貴於率任。大行不顧細禮，至人不拘檢括，嘯傲縱逸，謂之體道。嗚呼惜乎，豈不哀哉。』清談派也是尊奉道學口談莊老的，葛洪因爲不滿意他們那種行爲態度，所以罵他們是誣引老莊，並非道家的正統，很感慨地發出嗚呼惜乎的歎息了。但他指出當代文人的著書，受了惠子公孫一派的辯論學的影響，這却是眞實的事。劉劭的人物志固然是最明顯，就是在阮籍嵇康向秀裴頠的許多論文裏，都可以看出作者的頭腦，是受過論理學的訓練，所以行文那麼謹嚴，條理那麼清楚。因意立論，設例求證，或是分析，或是歸納，而得出最後的結論來。同前人那種抽象陳辭平鋪直敍的文章比較，那種分別是非常明顯的。葛洪或者要說他們是示巧表奇趨時誑俗，但我們覺得這是一種進步，是作者的頭腦受了論理學的訓練以後的一種進步。

因政治環境的惡劣，東漢末年的高人逸士開始了談論取樂的風氣。三國時代軍閥政治的建立，縱橫家大得其勢，於是言語辭令為時人所注重，跟着惠子公孫那一派的論辯亦為時人所學習所研究。因為儒學衰微玄學興起，那種重德行輕言語的觀念便失去了力量，加以玄學的哲理比起儒家所講的那些平淺的倫理道德來較為玄妙神祕，適合於談論的資料。因為這種種原因直接的或是間接的，促成了魏晉清談的發展。偏於名家的成為名理一派，偏於玄學的，成為玄論一派了。

二　清談的派別

趙翼在廿二史箚記裏，說清談起於魏正始中的何晏王弼。這是不確的。在建安時代，已有清談這件事了。張璠漢紀記鄭泰對董卓說：『孔公緒能清談高論，噓枯吹生，無軍帥之才，負霜露之勤。』（魏志鄭渾傳注引）又曹丕在做皇帝以前，寫信給鍾繇說：『至於荀公之清談，孫權之嫵媚，執書嗢噱，不能離手。若權復黠，當折以汝南許劭月旦之談。』（魏志文帝本紀注引魏略）荀公便是荀爽，是一位出自儒家的高士，時流所重的有名人物。他的姪子荀悅和孔融相友善，也很歡喜談論，取樂旦夕不止。（見本傳）可知談論的風氣，從郭林宗開始以來，到這時候是非常興盛了。在從前只稱為談論，到了建安正式提出清談的名目了。不過當日稱為清談的範圍很是廣泛，像孔公緒那種縱橫式的政論，也包括在內面。至於荀爽的言論，在鍾繇給曹丕的信裏，還保留幾句。他說：『臣同郡荀爽言人當道情，愛我者一何可愛，憎我者一何可憎.』（魏志文帝本紀注引魏略）這幾句話倒是很有意義，確是帶着魏晉清談的本色的.

魏明帝太和年間荀粲與傅嘏的會談，是魏晉清談史上的一件重要事體.何劭荀粲傳說：『太和初，到京邑，與傅嘏談.嘏善名理，而粲尚玄遠.宗致雖同，倉卒時或有格而不相得意.裴徽通彼我之懷，爲二家騎驛，頃之，粲與嘏善.』（見魏志荀彧傳注引）在這裏明顯地告訴我們，清談一開始就分成了兩派.這兩派人的思想行爲以及談論的內容，都有不相同的地方.名理派雖也有老莊的思想，但以形名家爲主，談論的內容較爲切近實際.在處事行政方面，保持法家的精神，也不反對儒家.所以他們的行爲並不浪漫，生活謹嚴，辦事極有規律，因此這一般人對於當日士大夫的過於虛浮放誕，表示反對.如傅嘏劉劭鍾會裴頠孫盛之流，可稱爲這派的代表.玄論派以道家的思想爲主，談論的內容，都是一些玄妙的問題，如『無爲』『養生』『夢』『情無哀樂』『言盡意』等等，是他們最歡喜的題材.他們反禮法，薄儒家，因此他們的行爲浪漫放縱，無論當官在野，無不是肆情酒色，不負責任，引起後人種種惡劣的批評.干寶在晉紀總論裏說：『學者以老莊爲宗，而黜六經.談者以虛蕩爲辨，而賤名檢.行身者以放濁爲通，而狹節信.進士者以苟得爲貴，而鄙居正.當官者以望空爲高，而笑勤恪.』玄論派的思想行爲，確是這種情形，但名理派並非如此.不過在魏晉的清談史上，名理派人物不多，勢力頗小，於是玄論派便成爲清談的正統了。後人的言清談者，都是以玄論派爲標準的。

他們兩派因爲各方面都不相同，所以傅嘏荀粲談論起來便格格不入。經了裴徽在中間調解，才稍稍接近。裴徽據管輅別傳說：『裴使君才理清明，能釋玄虛。（魏志管輅傳注引）再看他同王弼討論孔老思想的同異問題，他的思想雖是偏於道家，却未純化，似乎是一個中和派，因此在傅荀會談格格不入的時候，他做了中間的調人了。由傅嘏的本傳看來，他確是一個有規律有見識的人，做事很負責任，行爲也很檢點，決非玄論派中人所能及。所以最反對清談的傅玄，對他是推崇備至。他很不滿意何晏那一派虛無浮誕的人。傅子說：『是時何晏以材辯顯於貴戚之間，鄧颺好變通，會徒黨，鬻聲名於閭閻，而夏侯玄以貴臣子，少有重名，爲之宗主。求交於嘏而不納也。嘏友人荀粲，有清識遠心，然猶怪之……嘏答曰，泰初志大其量，能合虛聲而無實才。何平叔言遠而情近，好辯而無誠，所謂利口覆邦國之人也。鄧玄茂有爲而無終，外要名利，內無關鑰，貴同惡異，多言而妬前，多言多釁，妬前無親。以吾觀此三人者，皆敗德也。遠之猶恐禍及，況昵之乎。』（傅嘏傳注引）他在曹爽的弟弟曹羲的面前，直接攻擊過何晏那般人。他說：『何平叔外靜而內銛巧，好利不念務本。吾恐必先惑子兄弟，仁人將遠而朝政廢矣。』（本傳）後來被何晏們知道了，非常憤恨，借一點小事免了傅嘏的官。在這兩段話裏，我們可以看出幾個要點。（一）傅嘏的評論人物，比起郭林宗許劭他們那種抽象的言語來，是受了名家學說的影響的他處處在虛名與實質上着眼。這正是公孫龍的名實論的理論的引用。(二)傅嘏不是一個厭世或是玩世的人，他注重德行仁義，有心邦國，所以對那種傅白粉穿女衣顧影自憐的何晏式的浪漫家，自然是要表示厭惡了。(三)荀粲的思想雖與何晏輩相同，因爲他是一個純樸少年，無權無位，所以還同傅嘏合得來，但他這一次的介紹好像是要消除名理玄論兩派的意見而加以調和似的，不過這試驗並沒有成功。

鍾會是一個聰明可愛的青年，比傅嘏要小十五六歲。他在少年時代受了他母親的感化，讀了不少的書，經書老子都讀了。本傳說：『及壯，有才數技藝，而博學精練名理，以夜續晝，由是獲聲譽。』又說：『及會死後，於會家得書二十篇，名曰道論，而實刑名家也。』可知鍾會在名理方面下過刻苦研究的功夫，以此得名。傅嘏是當日名理派的大家，一見這志同道合的少年，便欣然訂交了。傅子說：『傅已達治好正，而有清理識要。……司隸校尉鍾會年甚少，嘏以明智交會。』裴松之注三國志的時候覺得這種情形有點奇怪。爲什麼名高望重的何平叔夏侯玄之流，求交於傅而傅不納，獨對於初出茅廬的鍾會，却一見如故。在我們現在看來，實由於兩派思想不同的關係。所以鍾會求交於夏侯玄，夏侯玄不納，交於嵇康，嵇康也不納。世說新語方正篇說：『夏侯玄既被桎梏，鍾會先不與玄相知，因便狎之。玄曰：刑餘之人，未敢聞命。』注引名士傳說，夏侯與鍾之不結交，完全因爲志趣不同的關係。又魏氏春秋說：『

鍾會聞嵇康名而造焉，康方箕踞而鍛，會至不爲之禮，會深銜之.』（世說新語簡傲篇注引）由此觀之他們兩派的壁壘在當時確是很森嚴的了.正始以後，老莊思想占領了整個的學術界玄風日盛.於是名理派一蹶不振，雖有裴頠孫盛之流勉強支持，終是強弩之末，沒有多大的力量，還有許多站脚不住的名理派中人都爲玄論所同化，於是玄論派便成爲晉代清談的正統了.但他們兩派無論在思想行爲以及談論的內容各方面，都有明顯的差別的事，我們在敍述魏晉清談之前，是必得瞭解清楚的.

三　名理派

名學在魏晉時代雖很流行，但是屬於名家的著作却很少.稱爲名家作品的如魏文帝的士操一卷，劉劭的人物志三卷，姚信的士緯新書十卷以及作者失名的形聲論一卷，（恐怕就是魯勝的形名論）從書名上看來，便知道都是一些評論人物的作品，可知魏晉人的名學，只是一種人物學.他們並沒有研究或是表揚惠施公孫龍那派人的哲學思想，而是採取那種細密謹嚴的論辯方法應用到人物的研究與批評方面去的.

評論人物的風氣，從郭林宗許劭開始以來，到建安更是流行.禰衡品評當代的人物說：『大兒孔文舉，小兒楊德祖.荀文若可借面弔喪，趙稚長可監廚請客.其意以爲荀但有貌，趙健啖肉也.』話雖幽默，意義却很深遠，一時傳爲佳話．再如曹操劉備煮酒論英雄的故事，更是人人知道的．可知評論人物，在當日是如何的流行了．

建安以後，對於實際人物那種印象或是諷刺的評論，變爲一般人物才性的具體研究，而成爲一種人物的名實學了．這種轉變，是有他的社會環境的．魏文帝時代，頒佈了一種用人的九品中正制度．郡邑設小中正，州設大中正，由小中正品第人才以上大中正，大中正核實以上司徒，司徒再核，然後付尙書選用．這種制度比起後代的筆試來，這是一種口試目試耳試的結合．聽其言論，觀其相貌氣色，打聽公衆對他的輿論，由這幾點歸納起來得到這人的成績．這種法律的利弊，我們不去管他，我們要注意的，是在這種制度之下，鄉評清議必然要發生很大的勢力，而觀察人物和評論人物，必然要有一種具體的標準，好爲小中正以及鄉紳之流品第人才時候的參考．於是人物論一類的著作由此而生，士緯新書人物志都變爲當日流行的教科書了．有一些歡喜討論這種學問的清談家，成爲名理一派，與那些專討論玄學的玄論派對立起來了．

魏文帝的士操完全散亡，姚信的士緯新書現在還殘存着幾條，保留在意林裏．看其內容，也是論人物的才性的．他說：『孔文舉金性太多，木性不足，背陰向陽，雄倬孤立．』又說：『凡水溫則成湯，寒則成冰．冰湯異氣而水性猶同．蠶能投繭，匪湯不綿，人性推移，蓋此比也．』他這種用陰陽五行的性質來評論人物，和劉劭很相像．可惜材料太少，我們無從窺察其思想的全部了．

清談家大都不長於著作，劉劭却是談著雙全的人才．他許多著作，現今雖已失傳，但由他的人物志看來，文章確是謹嚴細密而又美麗．夏侯惠在薦劉劭表中說：『臣數聽其清談，覽其篤論，漸漬歷年，服膺彌久．』（見本傳）可知他又是一個清談家．他在人物志的序裏闡明著書的意思說：

『夫聖賢之所美，莫美乎聰明，聰明之所貴，莫貴乎知人．知人誠智，則衆材得其序，而庶績之業興矣．是以聖人著爻象，則立君子小人之辭，敍詩志，則別風俗雅正之業，制禮樂，則考六藝祗庸之德，躬南面，則援俊逸輔相之材，皆所以達衆善而成天功也．天功既成，則並受名譽．是以堯以克明俊德爲稱，舜以登庸二八爲功，湯以拔有莘之賢爲名，文王以舉渭濱之叟爲貴．由此論之，聖人興德，孰不勞聰明於求人，獲安逸於任使者哉．』

他把知人用人看作是治國行政的根本，古代帝王都由此而決其賢愚治亂之分．關係既有這麼重大，那麼人物志這種著作，不是沒有意義沒有價値的了．他在那本書裏，將人的本性才幹氣質神貌流別和各種人物的得失長短，以及鑑別選用的方法，都加以嚴密的分析和具體的說明，是一本中國未曾有過的專門人物學．鄭旻跋這書說：『三代而下，善評人品者，莫或能踰之矣．劭生漢末，乃其著論體裁，纚然有荀卿韓非風致，而亹亹自成一家言．卽九徵八則之論，質之孔孟觀人之法，唐虞九德之旨，自有發所未發者．後世欲辨官論材，惡可以不知也．』說他獨出心裁，自成一家言的評語，是相當確切的．因爲它有辨官論材的實用和文章的美麗，所以在當日那些名家的作品裏，只有這一本書保持原來的面目，完完全全地流傳到現在．

在這本書裏，雖說糅雜着道法陰陽各家的思想，但他論辯的方法，完全是出自名家．或是分析或是歸納，無不是謹嚴細密有條有理．夏侯惠說他『法理之士，明其分數精比，』這確是不錯的．他在材能篇說：

『或曰：人材有能大而不能小，猶函牛之鼎不可以烹鷄，愚以爲此非名也．夫能之爲言，已定之稱，豈有能大而不能小乎？其語出於性有寬急．性有寬急，故宜有大小．寬弘之人，宜爲郡國，使下得施其功而總成其事．急小之人，宜理百里，使事辦於已然．則郡之與縣，異體之大小者也．以實理寬急論辯之，則當言大小異宜，不當言能大不能小也．若夫鷄之與牛，亦異體之小大也．故鼎亦宜有大小，若以烹犢，則豈不能烹鷄乎？故能治大郡，則亦能治小郡矣．推此論之，人材各有所宜，非獨大小之謂也．』

這完全是名家式的論辯．一個名詞，一個定義，都要求其精確實在．人材沒有能大不能小之分，只有宜大不宜小之別．能不能與宜不宜完全是兩件事體．他用牛鼎能烹鷄而不宜於烹鷄的事作爲例證，得出人材各有所宜的結論．再他在效難篇內，說明名實的關係說：『夫名非實，用之不效，故曰名由口進，而實從事退．中情之人，名不副實，用之有效，故名由衆退，而實從事章，此草創之常失也．』他這種見解，是極其精確的．我們要的是用之有效的實名，不是那種用之無效的虛名．正如公孫龍子所說：『正其所實者正其名也．其名正，則唯乎其彼此焉．……故彼彼止於彼，此此止於此，可．彼彼而彼且此，此此彼而此且彼，不可．夫名實謂也．知此之非此也，知此之不在此也，則不謂也．知彼之非彼也，知彼之不在彼也，則不謂也．（據兪樾校改）至矣哉，古之明王，審其名實，愼其所謂．』劉劭在前面所說的，就是公孫龍所說的審名實愼所謂的意思．他在材理篇內，對於論辯家的派別方法和態度，發表了許多精密的意見．由此可推想他自己的言語藝術，一定是很高妙的．難怪夏侯惠要數聽其清談而大致其贊歎之辭了．

傅嘏與劉劭同時，是名理派初期的要角．據魏志荀彧傳注引何劭的荀粲傳內說『傅嘏善名理』．傅子說他『好論才性，原本精微，尠能及之．』魏志本傳說『嘏常論才性同異，鍾會集而論之，』可知傅嘏的淸談是專重才性，而才性也是屬於人物論的範圍．不過比起劉劭那種一般的研究來，他集中在才性那一點上，是較爲專門化了．才是才幹，性是性情，這兩個名詞的實質是相同的呢，還是不相同的呢？傅嘏的論點，集中在這上面．世說新語文學篇注引魏志說：『尙書傅嘏論同，中書令李豐論異，侍郎鍾會論合，屯騎校尉王廣論離，文多不載．』可知當日對於這個問題參加討論的人很多，意見也很分歧．所謂同異離合，顯然分成四派，傅嘏是主張才性相同的．後來鍾會把這四種意見集合起來寫成一本書，題名爲四本論。世說新語文學篇說：『鍾會撰四本論始畢，甚欲使嵇公一見，置懷中既定，畏其難，懷不敢出，於戶外遙擲便回急走。』注引魏志曰：『會論才性同異傳於世。四本者，言才性同才性異才性合才性離也。』但是到了東晉，這四本論已不大流傳，見者也不完全瞭解，精於此道的似乎只有一個殷浩。好像這本書是很艱深的，但無論那一派的清談家對於它却是一致的推崇。

世說新語文學篇說：

『殷仲堪精覈玄論，人謂莫不研究。殷乃歎曰：使我解四本，談不翅爾。』

殷仲堪是玄論派中有名人物，還以不解四本論爲可歎，可知那本書是很爲時流所尊重的了。

晉書阮裕傳說：

『裕嘗問謝萬云，未見四本論，君試爲言之。萬敍說既畢，裕以傳嘏爲長。於是構辭數百言，精義入微，聞者皆嗟味之。』

謝萬是謝安的老弟。阮裕是阮籍的族弟，都是清談世家出身的名人。劉惔批評阮裕論辯雖精，學問並不淵博。由他向謝萬請教四本論這件事看來，這品評似乎是可靠的。可知四本論中所討論的才性問題，是名理派的專長。兩晉的玄論派所談論的對象不同，對於四本論很少有人去注意它，於是就漸漸地成爲絕學了。

四本論失傳是一件很可惜的事，我想它或者是一本比人物志還要好的書，到現在我們只知其綱目，關於論辯才性的內容無從窺索其精義了。與鍾會同時的袁準有一篇才性論的文章，（見藝文類聚二十）藉此可知此中的一點消息。袁準是袁渙的兒子，他一共四兄弟。據魏志袁渙傳注引袁氏世紀說他們四個都是『論議精當精辯有機理，』似乎也是屬於名理派的。所以袁準也討論才性的問題了。他在才性論中說：

『凡萬物生於天地之間，有美有惡。物何故美，清氣之所生也。物何故惡，濁氣之所施也。……曲直者木之性也，曲者中鉤，直者中繩，輪桷之材也。賢不肖者人之性也，賢者爲師，不肖者爲資，師資之材也。然則性言其資，才言其用，明矣。』

他在這裏把賢愚看作是人的本性，才是由其本性而表現的一種作用。有賢者的本性的役人，有愚者的本性的役於人。性是指質而言，才是指用而言，那麼才性的基本是相同的了。看他的結論是同傅嘏一致的。傅嘏的議論是否和他一致，那就無從知道。當時還有一個王廣也以論才性聞名。王廣是王陵之子。魏氏春秋說：『王廣有風量才學，名重當世，與傅嘏等論才性同異，行於世。』（世說新語賢媛篇注引）可知初期名理派的人物聲勢確是很盛的了。

正始以後，玄風日盛，玄論派的清談大大地得勢。他們日夜所談論的是『無』與『無爲』的問題，於是思想日趨虛浮而行爲日趨狂放.名理派的人，無論在思想行爲上，都和他們有不同的地方，看見這種情形，於是放棄才性不談而提出『有』與『有爲』的問題，來和玄論派對抗了.當時稱爲名理派的，有王敦、衞玠、裴頠、裴遐、裴邈諸人.但色彩最名顯力量最大的是裴頠.

裴頠的善於談論，也是家學淵源.太和初傳嘏與荀粲會談的時候作爲調人的裴徽，是他的叔祖.他的叔叔裴楷堂弟裴遐都是清談界的名人.世說新語言語篇說：『王（衍）曰，裴僕射善談名理，混混有雅致.』注引冀州記云：『頠弘濟有清識善言名理.』他在政治上的地位很高，參預機密，後來爲趙王倫所害，死時年三十四歲.本傳說他『又著辯才論古今精義皆辨釋焉未成而遇禍.』可知他對於論辯術的研究，是很深沉的.可惜那篇辯才論沒有寫完就遭難了，不然一定是清談史上的一篇重要文獻.

他因爲反對當時玄論派的那種虛無狂放的風氣，所以他無論在談論上在文字上，對於那一派都是採取攻擊的態度的.崇有論就是代表他那種思想的一篇有力的文章.本傳說：『頠深患時俗放蕩，不尊儒術，何晏阮籍素有高名於世，口談浮虛不遵禮法，尸祿耽寵仕不事事，至王衍之徒，聲譽太盛，位高勢重，不以物務自嬰，遂相放效，風教陵遲，乃著崇有之論以釋其弊.』他作崇有論的意思，在這裏是說得非常明顯的.他的本旨，是反對何晏王衍之徒的虛無思想與放浪行爲，想用這篇文字去糾正時弊他的論點正針對着當日流行的『無』與『無爲』的思想而發揮着『有』與『有爲』的理論的老子講的『有生於無』『無爲而無不爲』他覺得都不合理．無永遠是無怎麼能生有，如能生有那就不是無了．無爲決不能無不爲，若能無不爲那就是有爲了．因爲生的作用就是有有的發展進化就是有爲．若一味講虛無無爲就對於已有的人生社會要發生莫大的害處了．他在最後段說：『心非事也而制事必由於心，然不可以制事以非事，謂心爲無也．匠非器也，而制器必須於匠，然不可以制器以非器，謂匠非有也．是以收重泉之鱗，非偃息之所能獲也．隕高墉之禽，非靜拱之所能捷也．審投弦餌之用，非無知之所能覽也．由此而觀，濟有者皆有也．虛無奚益於已有之羣生哉？』（見本傳）裴頠本來精於辯論，加之這道理也相當充足，因此當時玄論派的人都無法勝他．本傳說：『樂廣常與頠清言欲以理服之，而頠辭論豐博，廣笑而不言．時人謂頠爲言談之林藪．……王衍之徒，攻難交至，並莫能屈．』又世說新語文學篇注引晉諸公贊云：『頠疾世俗尙虛無之理，故著崇有二論以折之．才博喻廣，學者不能究．樂廣與頠清閑欲說理，而頠辭喻豐博，廣自以體虛無，笑而不言．』王衍樂廣是西晉玄論派的兩大巨頭，也無法取勝裴頠，其餘的人更不必說．宜乎時人稱他爲言談之林藪了．王衍是一個狂妄自大的人，對於裴頠的清談，却是相當的尊重．世說新語文學篇說：

『中朝時有懷道之流，有詣王夷甫咨疑者，值王昨已語多，小極，不復相酬答．乃謂客曰，身今少惡，裴逸民（裴頠）亦近在此，君可往問』

在這一段短短的故事裏，可以看出他們清談得太利害，第二天疲勞得不能見客，好像現在人打了一個通宵的牌似的。其次清談家得了大名，四方懷道之流，都來問難咨疑，儼然成了一種講學的風氣。其三，裴頠王衍在各人的立場雖是相反，但王衍對於裴頠的辯論藝術，却是相當佩服。不過那時候虛無放誕的風氣已成，決不是裴頠的力量所能轉變的了。

裴遐是裴頠的從兄弟，也是名理派的清談家。鄧粲晉紀說：『遐以辯論爲業，善敍名理，辭氣清暢，泠然若琴瑟，聞其言者，知無不知，無不歎服。』（世說新語文學篇注引）他這種清談，已到了一種藝術的境地，能清暢若琴瑟的和諧，使不瞭解內容的聽衆，都能發生美感而加以歎服，眞是難能可貴。清談到了這種地步，眞可以辯論爲業了。裴遐是王衍的女壻，裴頠也是王戎的女壻。王裴二族，盛於魏晉，而這兩族都是清談世家。別而言之，王族偏於玄論，裴族則重名理。時人以八裴方八王，云：『徽比王祥，楷比王衍，康比王綏，綽比王澄，瓚比王敦，遐比王導，頠比王戎，邈比王玄。』（見裴楷傳）這些人有的執大權於政界，有的蜚高名於清談，其聲勢之盛，可想而知了。在這種情形之下，要做王家的女壻，正如要做蘇東坡的妹夫一樣，是一件不大容易的事。裴遐却是勝任愉快的。他婚後三天，到岳家去回門的時候，開了一個盛大的清談會，這一位才辯雙全的新郎，果然以少勝多，得了大家的贊歎。這段故事，世說新語文學篇裏記載得很有趣.

『裴散騎娶王太尉女婚後三日，諸壻大會當時名士王裴子弟悉集.郭子玄在坐，挑與裴談.子玄才甚豐贍，始數交未快.郭陳張甚盛.裴徐理前語理致甚微，四坐咨嗟稱快.王亦以爲奇，謂諸人曰，君輩忽爲爾，將受困寡人女壻.』

郭子玄就是注莊子出名的郭象.王衍說他『語議如懸河瀉水注而不絕』(世說新語文學篇注引名士傳云『子玄有儁才，能言莊老.』可知他是玄論派的名家.看他那天對於裴遐那種挑戰的態度，好像是早已預備好了，故意要給那位新郎吃點苦頭似的.好在新郎是家學淵源，能夠在那種圍攻的情勢下，應付裕如，引起大家的稱快.在晉書裴遐的傳記上記載着『嘗與河南郭象談論，一坐嗟服，』大概就是指的這一回事.這一次的盛會，我們也可以看作是名理與玄論兩派的論辯，所以他們一開始，就採取鬥爭的形式.

裴邈也是裴頠的從弟，善於淸談.據晉諸公贊說『邈少有通才，從兄頠器賞之，每與淸言，終日達曙.』(世說新語雅量篇注引)可知裴邈的淸談也是很高妙的.又世說新語雅量篇說『王夷甫與裴景聲志好不同，景聲惡欲取之，卒不能，乃故詣王，肆言極罵，要王答己，欲以分謗，王不爲動色.』從這裏看來，裴邈向王衍挑戰，故意辱罵他，似乎也是志趣不同，大概他受了他哥哥裴頠的影響，也是屬於

名理一派的了

衞玠是一位體弱貌美的清談少年，他的祖父衞瓘，是正始年代常參加何晏鄧颺們的談論會，而成爲清談界的前輩。王隱晉書說：『衞瓘善名理。』（世說新語賞譽篇注引）因爲衞瓘是名理派中的一份子，所以傅嘏極佩服他。晉諸公贊云：『瓘以明識清允稱，傅嘏極貴重之。』（世說新語識鑒篇注引）衞玠受了他祖父的影響，他偏向於名理派。不過他這種色彩並不明顯。他的本傳上說他好言玄理，別傳上又說他少有名理，可知他的態度已經不大分明了。但他的清談本領是非常高妙，所以時人極其敬重他贊美他。

『玠少有名理，善通莊老，瑯邪王平子高氣不羣，邁世獨傲，每聞玠之語議，至於理會之間，要妙之際，輒絕倒於坐，前後三聞，爲之三倒，時人遂曰：衞君談道，平子三倒。』（世說新語賞譽篇注引衞玠別傳）

『玠至武昌見王敦，與之談論，彌日信宿，敦顧謂僚屬曰：昔王輔嗣吐金聲於中朝，此子今復玉振於江表，微言之緒，絕而復續，不悟永嘉之中，復聞正始之音，阿平若在，當復絕倒。』（同上）

這裏講的阿平，就是何平叔（何晏字）。由這兩條記載看來，衞玠的清談藝術，已經發生一種魔力，可以使王澄『前後三聞，爲之三倒，』這件事可眞不容易。在王敦的眼裏，清談是以何王的正始之音爲其正統，能繼續這正統的，似乎只有衞玠一人。這眞有點像蘇東坡說韓愈文起八代之衰的意味了。同時，我們也可看出當日的一般時流把清談這件事是看得多麼重大了。

王敦是一個有野心的政治家，後來因爲叛變得到剖棺戮屍的悲慘的命運。別傳中雖說他少有名理，（世說新語文學篇注引）但他在清談中是一個眼高手低的人。因爲他的性情智慧，似乎同這一種事體，不大相宜。看下面這兩段故事，就可明瞭他是怎樣的一個人了。

『時王愷石崇以豪侈相尚。愷常置酒，敦與導俱在坐，有女伎吹笛小失聲韻，愷便毆殺之。一坐改容，敦神色自若。他日又造愷，愷使美人行酒，以客飲不盡，輒殺之。酒至敦導所，敦故不肯持，美人悲懼失色，而敦傲然不視。導素不能飲，恐行酒者得罪，遂勉強盡觴。導還歎曰，處仲若當世，心懷剛忍，非令終也。』（晉書本傳）

『王敦初尚主，（尚武帝女舞陽公主，）如廁，見漆箱盛乾棗，本以塞鼻，王謂廁上亦下果，食遂至盡。既還，婢擎金澡盤盛水，瑠璃盌盛澡豆，因倒箸水中而飲之，謂之乾飯。羣婢莫不掩口而笑。』（世說新語紕漏篇）

前則故事顯示王敦的性情剛毅殘忍，後面一段顯出這一個人笨拙而不敏感。這於清談一事，都是不相宜的。難怪王導要那麼批評他，其結果竟未出所料。像他這樣的人，要同裴頠兄弟衛玠之流較量談藝，其相差自然是難以道里計，無論玄論或是名理，他都是不及格的。宜乎衛玠同謝琨清談一整夜而不理王敦，使他『永夕不得豫』的了。（見世說新語文學篇）

西晉的名理派如裴頠之流，提出『有』與『有爲』的理論，反駁當日流行的『無』與『無爲』

的思想，到了東晉，名理派更進一步，對於老莊的學說，採取正面的攻擊了。代表着這種思潮的，是孫盛的攻老，王坦之的排莊。他們兩個都有儒家思想的根底，故其行爲規矩謹嚴，沒有浸染一點當日流行的惡習氣。他們的論辯，却都是出自名家。

孫盛是一個學問淵博的清談家。晉書本傳說他『篤學不倦，自少至老，手不釋卷，著魏氏春秋、晉陽秋，並造詩賦論難復數十篇。晉陽秋詞直而理正，咸稱良史。』可知他在學問上的成就是多方面的。本傳又說他『善言名理。于時殷浩擅名一時，與抗論者，惟盛而已。盛著易象妙於見形論，浩等竟無以難之，由是遂知名。』關於見形論的那一場論辯，是東晉清談界一次盛大的比賽。玄論界的名手全部出馬，以圍攻的輪流形勢，把孫盛困住了。

『孫安國（孫盛）往殷中軍（殷浩）許共論，往反精苦，客主無間，左右進食，冷而復煗者數四。彼我奮擲，麈尾悉脫落，滿餐飯中，賓主遂至忘食。殷乃語孫曰：卿莫作強口馬，我當穿卿鼻。孫曰：卿不見決鼻牛，人當穿卿頰。』

（世說新語文學篇）

殷浩在當日清談界，是大名鼎鼎的人物，由這一次的論辯看起來，殷浩顯然不是孫盛的敵手。看他到後面辭窮理屈，惱羞成怒，竟然先開口罵起人來，這實在是可恥的。然而由此也可見當日辯論的激烈了。

『殷中軍孫安國王謝能言諸賢，悉在會稽王許，殷與孫共論易象妙於見形．孫語道合，意氣干雲，一坐咸不安孫理，而辭不能屈．會稽王慨然歎曰，使眞長（劉惔）來，故應有以制彼．卽迎眞長，孫意己不如．眞長旣至，先令孫自敍本理，孫粗說己語，亦覺悟不及向，劉便作二百許語，辭難簡切，孫理遂屈．一坐同時拊掌而笑，稱美良久．』（世說新語文學篇）

結果雖是玄論派勝利了，但他們開始失敗和後來那種班兵遣將的慌亂情形，是非常可憐的．玄論派對於名理派的戰略，每次都是採取以多擊少的圍攻政策，就是我們現在看了，心裏也覺得有些不舒服．但是那些拊掌而笑稱美良久的座客們，不都是在戰場上敗退下來的辯士嗎？

關於『易體』的問題，他們兩派的意見本來就是不對的．玄論派覺得微妙的道理，不能用易象和繫辭來表現，所謂象以立意的意，辭以盡言的言，都是一些淺近的東西，不能算什麼．這種意見在太和時代荀粲就提出來了．何劭荀粲傳說：

『粲常以爲子貢稱夫子之言性與天道不可得而聞，然則六籍雖存，固聖人之糠粃．粲兄俁難曰，易亦云聖人立象以盡意，繫辭焉以盡言，則微言胡爲不可得而聞見哉？粲答曰，蓋理之微者，非物象之所舉也．今稱立象以盡意，此非通於意外者也．繫辭焉以盡言，此非言乎繫表者也．斯則象外之意，繫表之言，固蘊而不出矣．當時能言者，不能屈也．』（魏志荀彧傳注引）

玄論派對於易象的見解大都如此，所以他們解易時，盡量地把老莊的學說灌輸進去，使它接近道家的思想。孫盛的意見却和荀俁相同，他認爲由易象繫辭的形器和言語，可以體會到宇宙萬物各種盈虛變化的道理。不過我們不能拘拘於形象的實體，要能隨時心會神領，才可有所感發，卽是當日流行的『因形達變，因言見情』的意思。若能如此，則六籍並非聖人之糠粃，其中有微妙的道理存焉。所謂因形達變，因言見情，便是孫盛說的『易象妙於見形』的理論。所以他說：

『聖人知觀器不足以達變，故表圓應於蓍龜。圓應不可爲典要，故寄妙迹於六爻。六爻周流，唯化所適。故雖一畫而吉凶並彰，微一則失之矣。擬器託象，而慶咎交著，繫器則失之矣。故設八卦者，蓋緣化之影跡也。天下者寄見之一形也。圓影備未備之象，一形兼未見之形。』（世說新語文學篇注引易象妙於見形論略）

他這意思在這裏說得很明顯，玄論派的人都不贊成，因此引起了那一次的大辯論。但是孫盛在思想方面最重要的，是他有條理的對於老子學說的攻擊。他覺得要反對當日老派的那種浮虛浪漫，非從他們的宗主下手不可。若專一味抽象的謾罵，是極無聊的事。批評老子的學說，才是正本淸源的辦法。他那篇老子疑問反訊，是一篇非老的極有力的文章。他完全採用名家的論辯學，謹嚴而又細密的把老子的學說加以分析。全文共十一節，今錄七節於下。

（一）『天下皆知美之爲美，斯惡已；皆知善之爲善，斯不善已。』盛以爲夫美惡之名，生乎美惡之實。道德淳美，則有善名．頑嚚聾昧，則有惡聲．……然則大美大善天下皆知之，何得云斯惡乎？若虛美非美，爲善非善，所美過美，所善違中，若此皆聖敎所疾，聖王奮戒，天下亦自知之於斯談．』

(二)『不尙賢使民不爭，不貴難得之貨使人不爲盜．常使民無知無欲，使知者不敢爲．又曰，絕學無學，唯之與阿，相去幾何？善之與惡，相去何若？下章云，善人不善人之師，不善人善人之資．不貴其師，不愛其資，雖智大迷．盛以爲民苟無欲，亦何所師於師哉？既所師資，非學如何？不善師善，非尙賢如何？貴愛既存，則美惡不得不彰，非相去何若之謂』

(三)『三者不可致詰，混然爲一，繩繩兮不可名，復歸於無物．無物之象，是謂惚怳．下章云，道之爲物，唯怳與惚．惚兮怳兮，其中有象．怳兮惚兮，其中有物．此二章或言有物，或言無物，有所不宜者也．』

(四)『執者失之，爲者敗之．而復云執古之道以御今之有，或執或否，得無陷矛盾之論乎？』

(五)『絕聖棄知，民利百倍．孫盛曰：夫有仁聖，必有仁聖之德迹．此而不崇，則陶訓焉融？仁義不尙，則孝慈道喪．老氏既云絕聖，而每章輒稱聖人．既稱聖人，則迹焉能得絕？若所欲絕者，絕堯舜周孔之跡，則所稱聖者爲是何聖之迹乎？即如其言，聖人有宜滅其跡者，有宜稱其跡者，稱滅不同，吾誰適從．絕仁棄義，民復孝慈，若如此談，仁義不絕，則不孝不慈矣．復云居善地與善仁，不審與善仁之仁，是向所云欲絕者非耶？如其是也，則不宜復稱述矣．如其非也，則未詳二仁之義，一仁宜絕，一仁宜明，此又所未達也．』

（六）『道冲而用之，或不盈．和其光，同其塵．盛以爲老聃可謂知道，非體道者也．……既處濁位，復遠導西戎，行止則猖狂其迹，著書則矯誑其言，和光同塵，固若是乎？』

（七）『禮者忠信之薄而道之首，前識者道之華而愚之始．是以大丈夫處其厚不處其薄，處其實不處其華也．孫盛曰，老聃足知聖人禮樂非玄勝之具，不獲已而制作耳．而故毀之何哉？是故屛撥禮學以全其任自然之論，豈不知叔末不復得返自然之道，直欲伸已好之懷，然則不免情於所悅，非浪心救物者也．非唯不救，乃奬其弊矣．』（廣弘明集卷五）

孫盛在這些文字裏立意遣辭，完全出於科學冷靜的頭腦，採取名家精密的辯證法的．所以一點也沒有流於感情謾罵的毛病．他處處用着『以子以矛攻子之盾』的策略，拿老子自己的話去對照比擬，前後發現許多矛盾破碎的地方．其結果自然是不攻自破了．其次，我們得注意的，這種文字完全是辯論的形式，很有點像淸談時候的記錄．我想他們當日談老莊周易，談佛理，一開口就是幾百語或是幾千言．若把它們全都記錄下來保存着，一定都是很可貴的哲學材料．世說新語記載支道林找王羲之談莊子說：『君未可去，貧道與君小語．因論莊子逍遙遊，支作數千言，才藻新奇，花爛映發．王遂披襟解帶，留連不能已．』（文學篇）支道林的解莊，是鼎鼎大名，時人許在向郭之上，可惜那數千言沒有完全保存着，這是很可惜的．因此，像孫盛這種老子疑問反訊的文字，是更覺得可貴了．

他證明老子學說的矛盾破碎以後，接着得出大膽的結論來說老子不是聖人．他既然不是聖人，當日人士的崇奉他都是錯誤的．在他那篇老聃非大聖論的文章裏，把這意思說得很清楚．他覺得儒家思想博大深遠，包有老學之長而無其短．道之爲物，是因時達變．老子尊無，裴頠崇有，都是不通的．故他說：『余以爲尙無既失之矣，崇有亦未爲得也．道之爲物，惟怳惟惚，因應無方，唯變所適．值澄渟之時，則司契垂拱，遇萬動之化，則形體勃興．是以洞鑒雖同，有無之教異陳，聖致雖一，而稱謂之名殊．自唐虞不希結繩，湯武不擬揖讓，夫豈易哉，時運故也．而伯陽欲執古之道，以御今之有，逸民欲執今之有，以絕古之風，吾故以爲彼二子者，不達圓化之道，各矜其一方耳．』（老聃非大聖論．廣弘明集卷五）

他這裏提出『時運』這個名詞來，是極其正確的．老子以古道御今，裴頠以今有絕古，都是缺少時運進化的觀念，只知其一，不知其二，因此各矜一方，而不達圓化之道了．在這種地方，我們覺得孫盛的唯變所適的見解，是進步得多了．老子既非大聖，那麼可爲吾人取法的，還是儒家的思想．故他又說：『聖人之道，廣大悉備矣，猶日月懸天，有何不照者哉？老氏之言，皆駁於六經矣．寗復有所愆忘，俟佐助於聃周乎？卽莊周所謂日月出矣，而爝火不息者也．至於虛誑譎怪，矯詭之言，尙拘滯於一方，而橫稱不經之奇詞也．』（老子疑問反訊）在當日尊老子尙無爲的潮流中，孫盛發出這種激烈的言論來，難怪玄論派要對他採取圍攻，不把他擊倒不放手的了．

孫盛以攻老著名，王坦之以排莊聞世，他倆都是東晉名理派的主要份子。晉書本傳說他『有風格，尤非時俗放蕩，不敦儒教，頗尙形名學。』世說新語文學篇說他常與伏玄度習鑿齒輩談論青楚人物，有名一時。時人批評他說『盛德絕倫郄嘉賓，江東獨步王文度。』可知他在清談界是很有名望的。他是太原王家的子弟，鼎鼎大名的王述，是他的父親，那麼他的談藝，也是家學淵源的了。

王坦之的思想同孫盛相似，反對當日流行的那種玄虛放誕的風氣。他同謝安是極相好的朋友，看見謝安那種迷戀於聲色妓樂的放浪行爲，很不贊成，他苦口勸他，叫他在生活上轉變一個方向，不料謝安還責備他不懂風雅，寫信把王坦之譏諷一頓。由這一件事，我們很可看出當日名士的心情和生活狀態了。

『初謝安愛好聲律，朞功之慘，不廢妓樂，頗以成俗。坦之非而苦諫之。安遺坦之書曰：知君思相愛惜之至，僕所求者聲，謂稱情義，無所不可爲聊復以自娛耳。若絜軌跡，崇世教，非所擬議，亦非所屑。常謂君粗得鄙跡者，猶未悟之濠上耶？故知莫逆未易爲人。坦之答曰：具君雅旨，此是誠心而行，獨往之美，然恐非大雅中庸之謂。意者以爲人之體韻，猶器之方圓，方圓不可錯用，體韻豈可易處，各順其方，以弘其業，則歲寒之功，必有成矣。吾子少立德行，體議淹允，加以令地，優遊自居，僉曰之談，咸以清遠相許。至於此事，實有疑焉。公私二三，莫見其可，以此爲濠上，悟之者得無鮮乎？且天下之寶，故爲天下所惜，天下之所非，何爲不可以天下爲心乎？想君幸復三思。書往反數四，安竟不從。』（晉

晉王坦之傳）

王坦之的遺辭立論，在公義私情上都是顧到的．而謝安的回答是『絜軌跡，崇聖教，非所擬議，亦非所屑，』由此我們可知當日玄論派的思想行爲，已是無可救藥的了．他那篇廢莊論，在當時却是有名的．

『若夫莊生者，其言詭譎，其義恢誕．君子內應，從我游方之外，衆人因藉之，以爲弊薄之資．然則天下之善人少，不善人多，莊生之利天下也少，害天下也多．故曰魯酒薄而邯鄲圍，莊生作而風俗頹，禮與浮雲俱征，僞與利蕩並肆，人以克己爲恥，士以無措爲通，時無履德之譽，俗有蹈義之愆．驟語賞罰，不可以造次，屢稱無爲，不可與適變．雖可用於天下，不足以用天下人．昔漢陰丈人修渾沌之術，孔子以爲識其一，不識其二，莊生之道，無乃類乎？』（晉書本傳）

他所說的只是把荀子說的『莊生蔽於天而不知人，』揚雄說的『莊周放蕩而不法』的意思，闡明發揮而已．但是他指出因爲莊子學說的影響，使時人流於『以克己爲恥，以無措爲通』的種種弊病，這是確確實實的．宜乎他臨死的時候，他寫信給謝安，仍是以敦風俗興國事相規勉的了．

殷浩雖是孫盛的談敵，但他却是東晉時代善言才性精通四本論的唯一人．『殷中軍雖思慮通長，然於才性偏精，忽言及四本，便若湯池鐵城，無可攻之勢．』（世說新語文學篇）又說：『支道林殷淵源俱在相王許，相王謂二人可試一交言，而才性殆是淵源崤函之固，君其愼焉．支初作改轍遠之，數四交,不覺入其玄中.相王撫肩笑曰,此自是其勝場,安可爭鋒.』(同上)由這兩段文字看來,殷浩的精言才性四本在當時是無敵的了.才性四本本是太和正始時代名理派的專業,到了兩晉談的人少了.於是四本論不爲一般人所熟識了.據高逸沙門傳說:『殷浩能言名理,』可知殷浩本屬於名理派的系統的不過他後來精通佛學愛談老莊,他的思想轉變到玄論派去而成爲孫盛的談敵了.

除此以外當時能言名理,見諸記載者,尚有謝玄孫統諸人.一見謝玄別傳,(世說新語文學篇注引)一見晉書孫楚傳.孫統是孫盛的從兄,屬於名理派是可能的,但他却以精於老子著稱於世,在思想方面正同他的弟弟相反.謝玄雖稱爲善言名理,但他以事業見稱,在淸談中的地位反而不大顯著.觀其平生之行爲議論,確可稱爲『經世之才,』比起他那浪漫的叔父來,他是較爲謹嚴較爲有規律的了.

我在這一節裏,把名理派的各方面,寫得較爲詳細,這原因就是想請讀者知道,在古,今人士一致罵爲虛無放浪的魏晉淸談中,還存在着這樣的一派.無論在思想行爲及其學說的背境,它都與玄論派不同,而時時站在對立的地位.在論辯中,總是採取鬥爭的形式.由劉劭傳嘏的論人物才性,裴頠的論『有』與『有爲』到孫盛王坦之的正面的攻老排莊,我們很可看出他們思想進展的程序.在他們的對面那一派思想的發展情形,我們由此也可知其消息了.

四　玄論派

初期的玄論派，由荀粲、何晏、夏侯玄、鄧颺、王弼諸人，成爲一個集團，同劉劭、傅嘏、鍾會他們的名理派對抗．從各方面講，名理派偏於保守，玄論派是帶着新興的革命意識的．前者重於現實，後者則富於浪漫．他們這一派人所崇奉的是老子，所談論的問題是易象，是『無爲』與『無名』，對於儒道二家，採取調和的態度．所謂調和的態度，無非是把老子的地位提高而已，這是他們提倡道學的第一步，等到後來老子的地位確定了，再來向儒家的聖人開刀．

『何劭爲粲傳曰，荀粲字奉倩．粲諸兄並以儒術論議，而粲獨好言道．』（魏志荀彧傳注引）

『文章敍錄曰：何晏能淸言，而當時權勢天下談士多宗尙之．魏氏春秋曰：晏少有異才，善談易老．』（世說新語文學篇注引）

『何劭爲弼傳曰：王弼幼而察惠，年十餘，好老子，通辯能言．』（魏志鍾會傳注引）

『何平叔注老子始成，詣王輔嗣，見王注精奇，迺神伏曰：若斯人可與論天人之際矣．因以所注爲道德二論．』（世說新語文學篇）

『何晏云：鬻莊軀放玄虛，而不周乎時變．』（王坦之廢莊論引）

由這些文字看來，他們當時只注重老易，還未及於莊子。由何晏的評語看來，他對於莊子，似乎是很非難的。六經取周易，道家取老子，正可看出玄論派初期的調和儒道二家的形式。也可以看那種新興思潮的發展的程序。

『裴徽爲吏部郎，弼未弱冠，往造焉。徽一見而異之。問弼曰：夫無者誠萬物之所資也，然聖人莫肯至言，老子申之爲已者何？弼曰：聖人體無，無又不可以訓，故不說也。老子是有者也，故恆言無所不足。』（魏志鍾會傳注引何劭王弼傳）

『文章敍錄說：自儒者論，老子非聖人，絕理棄學，晏說與聖人同，著論行於世也。』（世說新語文學篇注引）

由此看來，何王之流，覺得孔老思想的基本並無差異，或有或無，不過是表現上的分別而已。孔子固然是聖人，老子同樣也是聖人。這樣一來，老子提高到同孔子並肩的地位了。因此何晏一面著發揮老子思想的道德論，無名論，一面又在編論語集解。王弼一面注老子，同時又在注周易。在這裏，他們覺得沒有什麼不調和的。不過他們都把道學灌進到論語周易內去，使儒道二家的思想混合起來了。

當劉劭傳嘏鍾會他們正在談論用人行政談得最熱鬧的時候，何王這一般人也正在談『無爲而無不爲』『我無爲而民自化』的無爲理論。當名理派大談其名實論的時候，玄論派也正在大談其無名論。這種針鋒相對的情形，是從前一般談魏晉清談的人所沒有注意到的。關於他們的無爲無名的理論，在三四五章裏已介紹過，在這裏我打算不敍述了，略舉數條，以爲例證。

『天地萬物皆以無爲爲本.無也者開物成務,無往而不成者也.陰陽恃以化生,萬物恃以成形.』(晉書王衍傳引何王之論)

『聖人達自然之至,暢萬物之情,故因而不爲,順而不施.除其所以迷,去其所以惑,故心不亂而物性自得之也.』(王弼老子注)

『夏侯玄曰天地以自然運,聖人以自然用.』(何晏無名論引)

上面是講無爲,再看他們講無名.

『爲民所譽則有名者也.無譽,無名者也.若夫聖人名無名,譽無譽,謂無名爲道,無譽爲大,則夫無名者可以言有名矣,無譽者可以言有譽矣.然與夫可譽可名者豈同用哉?此比於無所有,故皆有所有矣.而於有所有之中,當與無所有相從,而與夫有所有者不同.』(列子仲尼篇注引何晏無名論)

『夫名所名者,於善有所章,而惠有所施.善惡相須,而名分形焉.若夫大愛無私,惠將安在?至美無偏,名將何生?故則天成化,道同自然,不私其子而君其臣.惡者自罰,而善者自功.功成而不立其譽,罰加而不任其刑,百姓日用而不知所以然,夫又何可名也.』(王弼論名引見皇侃論語義疏)

玄論派相信天地萬物皆以無爲爲體,一切的變動作用都是順乎自然,所以他們主張『因而不爲,順而不施』的無爲論.又主張無私的大愛,無偏的至美,善惡無須章罰,恩惠無所施用,所以他們要講無名,名理派却正是相反.他們認爲人事政治,無不待人力以改善,人力的運用與鑑別,必待乎名實的相符.於是在這裏生出有爲與無爲,無名與正名的根本差別了.

古史上雖記載着何晏『善玄言,精才辯,』但在言語的藝術上,似乎還比不上王弼.世說新語說:

『何晏爲吏部尚書,有位望,時談客盈坐.王弼未弱冠,往見之.晏聞弼名,因條向者勝理語弼曰,此理僕以爲極,可得復難不?弼便作難,一坐人便以爲屈.於是弼自爲客主數番,皆一坐所不及.』(文學篇)

王弼死時只二十四歲,同何晏清談時,說他尚未弱冠,那眞是一個翩翩少年了.他在那時竟然能折服時人奉爲談宗的何尚書而爲一坐之主,他的談藝的高妙由此可知.宜乎他死後各派人士都爲之嗟歎了.

何王以後,由竹林七賢到王衍樂廣那一般人的興起,是玄論派的最盛期.這一期的清談人才特別多,有的執大權於政治界,有的享高名於思想界,此推彼助,於是他們在清談界占着壓倒的大勢力,而名理派究以人才缺少,不容易同他們抗衡了.在這一時期內,他們除繼續地談論老易以外,又加進來一個莊子,於是逍遙齊物的理論,又成了他們最歡喜談論的題材.在初期他們對於儒家是採取調和的態度,到這時候由調和的態度改爲正面的攻擊了.薄周孔,反禮法,成爲玄論派共同的信仰了.

『孫盛魏氏春秋曰:嵇康寓居河內山陽縣,與阮籍山濤向秀阮咸王戎劉伶遊於竹林,號爲七賢.』(魏志王粲

傳注引）

『天下之至愼者，其唯阮嗣宗乎．每與之言，言及玄遠，而未嘗評論時事，臧否人物，可謂至愼乎．』（世說新語德行篇注引李康家誡）

『人問王夷甫，山巨源義理何如，是誰輩？王曰：此人初不肯以談自居，然不讀老莊，時聞其詠，往往與其旨合．』（世說新語賞譽篇）

『竹林七賢論曰：初籍與戎父渾俱爲尙書郞，每造渾，坐未安，輒曰：與卿語不如與阿戎語，就戎必日夕而返．籍長戎二十歲，相得如時輩．』（世說新語簡傲篇注引）

『魏氏春秋曰：山濤通簡有德，秀咸戎伶朗達有儁才，於時之談，以阮爲首，王戎次之，山向之徒，皆其倫也．』（世說新語品藻篇注引）

他們這些人志趣相投，到風景淸幽的竹林裏飲酒淸談，討論周易老莊的玄理，那種風趣，最爲時流所景慕，而對於靑年人的影響自然是極大的．據魏志王粲傳說『阮籍行己寡欲，以莊周爲模則．』嵇康與山巨源絕交書曰：『老子莊周吾之師也．』晉書向秀傳說：『秀好老莊之學，莊周著內外數十篇，歷世才士雖有觀者，莫適論其旨統也．秀乃爲之隱解，發明奇趣，振起玄風，讀之者超然心悟，莫不自足一時也．惠帝之世，郭象又述而廣之，儒家之迹見鄙，道家之言遂盛焉．』可知莊子的流行，是由竹林名士的提倡的。向郭注莊，一時解莊者有數十家，這種文字的宣傳，對於學術思想界的影響，比起淸談的口論，那力量不知道要大多少倍。阮籍的通易論、通老論、達莊論、大人先生傳，嵇康的釋弘論、聲無哀樂論、難自然好學論、與山巨源絕交書，以及向郭的莊子注，他們一面盡力表揚道家的玄學，一面攻擊儒家的學說和禮法。所謂發明奇趣，振起玄風，儒家見鄙，道言日興，這批評實在是不錯的。阮籍在大人先生傳內說：

『汝獨不見虱之處於褌中乎？逃乎深縫，匿乎壞絮，自以爲吉宅也。行不敢離縫際，動不敢出褌襠，自以爲得繩墨也。飢則嚙人，自以爲無窮食也。然炎丘火流，焦邑滅都，羣虱死於褌中而不能出。汝君子之處區內，亦何異虱之處褌中乎？』

又嵇康在難張遼叔自然好學論中說：

『六經以抑引爲主，人性以從欲爲歡。抑引則違其願，從欲則得自然。然則自然之得，不由抑引之六經。全性之本，不須犯情之禮律。故仁義務於理僞，非養眞之要術，廉讓生於爭奪，非自然之所出也。』

他們這種對於儒學君子的笑罵，對於儒家禮法典籍的非難，比起何王時代那種調和儒道兩家的態度來，是完全改取正面的攻擊了。魏晉的玄談，雖由何王開其端，若非竹林名士在思想上建立玄學的基礎，在文字上加以宣傳，那風氣決不會鬧到那種如日中天的樣子的。後來一般人，不過繼其餘緒，在理論上加以發揮，在行爲上更趨於狂浪而已．嵇康遇害的時候，有三千多青年學生請他爲師，鍾會撰好四本論，求他批評．由這些事看來，嵇康在當日學術界是居着領導的地位的．玄學清談有他們這般人出來提倡，不怕它不變爲狂潮大浪了．

繼承着竹林名士的西晉玄論派，是王衍樂廣爲主體．王衍是王戎的從弟，初論縱橫之術，後來受了老莊的影響，才轉到玄談方面去．他的名氣極大，時人有當世無比之稱．後來掌握大權，爲石勒所害．樂廣是成都王穎的岳丈，朝望隆高．後因八王之亂，憂鬱而死．本傳說『廣與王衍俱宅心事外，名重於時，故天下言風流者，謂王樂爲稱首焉．』可見他倆在清談界的地位，正如正始的何王，魏末的嵇阮．

晉書王衍傳說：

『衍既有盛才美貌，明悟若神，常自比子貢．兼聲名籍甚，傾動當世，妙善玄言，唯談老莊爲事．每捉玉柄麈尾，與手同色．義理有所不安，隨卽更改，世號口中雌黃．朝野翕然，謂之一世龍門矣．累處顯職，後進之士，莫不景慕放效．選舉登朝，皆以爲稱首．矜高浮誕，遂成風俗焉．』

又晉書樂廣傳說：

『廣有遠識，尤善談論．每以約言析理，以厭人之心，其所不知默如也．裴楷嘗引廣共談，自夕申旦，雅相傾挹．歎曰，我所不如也．王戎爲荊州刺史，聞廣爲夏侯玄所賞，乃舉爲秀才．楷又薦廣於賈充，遂辟太尉掾，轉太子舍人．尙書令衛瓘,朝之耆舊,逮與魏正始中諸名士談論,見廣而奇之曰:自昔諸賢既沒,常恐微言將絕,而今乃復聞斯言於君矣.命諸子造焉,曰此人之水鏡,見之瑩然,若披雲霧而覩青天也.王衍自言與人語甚簡,及見廣便覺己之煩,其爲識者所歎美如此.』

嵇阮是學界的權威,王樂又是政界的巨子,玄學清談由這般人來提倡鼓勵,後進之士,自然是要景慕放效.退可得名,進可干祿,矜高浮誕之風,於是就日盛一日了.集於王樂左右或彼此發生關係的人,如王澄、郭象、潘京、阮瞻、山簡、阮脩、謝鯤、胡毋輔之、庾凱、光逸之流,無不以狂放自高言談相尚,造成了玄論派的極盛時期.

這時候儒學的權威全部崩潰了.老莊的學說,由其理論而見諸行動.從前只由口頭或是文字反對儒家的禮法,現在在生活的形式上,都表現出狂放的行爲.我們看了下面這些記事,就可略明魏晉名士的浪漫生活了.

『阮籍嫂嘗歸甯,籍相見與別,或譏之.籍曰,禮豈爲我輩設耶?鄰家婦有美色,當壚酤酒.阮嘗詣飲,醉便臥其側.籍既不自嫌,其夫察之,亦不疑也.兵家女有才色,未嫁而死.籍不識其父兄,徑往哭之,盡哀而還.』(晉書本傳)

『鄧粲晉紀曰:籍母將死,與人圍棋如故,對者求止,籍不肯,留與決賭.既而飲酒三斗,舉聲一號,嘔血數升,廢頓久之.』(世說新語任誕篇注引)

『劉伶恆縱酒放達，或脫衣裸形在屋中，人見譏之。伶曰：我以天地爲棟宇，屋室爲褌衣，諸君何爲入我褌中。』（世說新語任誕篇）

『諸阮皆飲酒，咸至，宗人間共集，不復用杯觴斟酌，以大盆盛酒，圓坐相向，大酌更飲。時有羣豕來飲其酒，阮咸直接去其上，便共飲之。』（晉書阮咸傳）

『胡毋輔之性嗜酒任縱，不治郡事。……其子謙之，才學不及父，而傲縱過之，至酣醉，常呼其父字。輔之亦不以介意，談者以爲狂。輔之正酣飲，謙之闚而厲聲曰，彥國（輔之字）年老，不得爲爾，將令我尻背東壁。輔之歡笑，呼入與共飲。』（晉書本傳）

『謝鯤鄰家高氏女有美色，鯤嘗挑之，女投梭折其兩齒。時人爲之語曰，任達不已，幼輿折齒。』（晉書本傳）

『胡毋輔之與謝鯤阮放畢卓羊曼桓彝阮孚，散髮裸袒，閉室酣飲，已累日。光逸將排戶入，守者不聽，逸便於戶外脫衣露頂於狗竇中窺之而大叫。輔之驚曰，他人決不能爾，必我孟祖也。遽呼入，遂與飲，不捨晝夜。時人謂之八達。』（晉書隱逸傳）

『王澄爲荊州刺史，日夜縱酒，不親庶事，雖寇戎急務，亦不以在懷。』（晉書本傳）

寄情酒色，行爲放蕩，若是文人名士，那影響還小，但他們大都是行政官吏，這樣不管世事，不奉禮法，那事情如何辦理得好然而這些人的胡作亂爲，却用一片老莊的幕布來掩飾自己的一切的惡行，這怎麼叫葛洪不罵他們是誣引老莊呢？石勒將要用牆頭壓死王衍的時候，王衍懺悔地說：『吾曹雖不如古人，若向不祖浮虛，戮力以匡天下，猶可不至今日。』『人之將死，其言也善，』這眞是確論了。只是覺悟太遲，後悔已來不及了。

他們那種清談的風氣，解放的精神，以及浪漫的行爲，同時影響到閨閣中的婦女。在儒家禮教下關閉了許多年的女人們，一旦逢着那樣的家庭環境，遇着那樣的父兄親戚，她們在那種風氣下熏陶着生活思想自然會走到解放自由的路上去的。於是婦女界也有以清談見賞或以風流浪漫聞名的了。

『許允婦是阮衛尉女，奇醜，交禮竟，允無復入理，家人深以爲憂。會允有客至，婦令婢視之，還答曰，是桓郎。桓郎者桓範也。婦云無憂，桓必勸入。桓果語許云，阮家既嫁醜女與卿，故當有意，卿宜察之。許便回入內，既見婦，即欲出。婦料其此出無復入理，便捉裾停之，許因謂曰：婦有四德，卿有其幾？婦曰：新婦所乏唯容爾；然士有百行，君有幾？許云皆備。婦曰：夫百行以德爲首，君好色不好德，何謂皆備？允有慚色，遂相敬重。』（世說新語賢媛篇）

阮小姐的幾句說得當然漂亮，最可佩服的還是她那種大膽的解放的精神。結婚禮剛一行過，就同新郎侃侃而談，爭論德色的重大問題，以保全自己的地位，結果新郎是被她屈服了。比起那些低頭不語羞答答的新娘來，她眞有英雄凜凜的氣概了。

『王安豐婦常卿安豐。豐曰：婦人卿壻，於禮爲不敬，後勿復爾。婦曰：親卿愛卿，是以卿卿。我不卿卿，誰當卿卿。遂恆聽之。』（世說新語惑溺篇）

『山公（山濤）與嵇阮一面，契若金蘭。山妻覺公與二人異於常交，問公。公曰：我當年可以爲友者，唯此二生耳。妻曰：負羈之妻亦親觀狐趙，意欲窺之，可乎？他日二人來，妻勸公止之宿，具酒肉，夜穿墉視之，達旦忘返。公入曰：二人何如？妻曰：君才致殊不如，正當以識度相友耳。公曰：伊輩亦常以我度爲勝。』（世說新語賢媛篇）

『燕國徐邈有女才淑，擇夫未嫁。邈乃大會佐吏，女自內觀之，女指王濬告母，邈遂妻之。』（晉書王濬傳）

『韓壽美姿貌，善容止，賈充辟爲司空掾。充每宴賓客，其女輒於青瑣中窺之，見壽而悅焉。問其左右識此人不。有一婢說壽姓字，云是故主人。女大感想，發於寤寐。婢後往壽家，具說女意，併言其女光麗豔逸，端美絕倫。壽聞而心動，便令爲通慇懃。婢以白女，女遂潛修音好，厚相贈結，呼壽夕入。壽勁捷過人，踰垣而至，家中莫知，惟充覺其女悅暢異於常日……充乃考問女之左右，具以狀對。充秘之，遂以女妻壽。』（晉書賈充傳）

由上面這些記事看來，當日婦女言談的高妙，行爲的自由，正可和她們的父兄比美。山濤夫人偷看嵇阮，可以看一個通宵。王安豐夫人公然承認卿卿就是愛卿。王女的選夫，賈女的自由戀愛，這都是儒家禮教崩潰以後的解放現象。到了東晉，這種現象更是普遍。舊禮教舊道德一點也不能束縛那些閨閣中的小姐，風流韻事，愈來愈多了。王謝二家的婦女，更是家學淵源，或以淸談稱，或以才學顯。所謂

『步障解圍之談，新婦參軍之戲，』都是千古的美談，當日的佳話．婦女界這種普遍的解放現象，在中國過去的任何時代裏都是不容易見到的．

中原淪陷，元帝過江．士大夫鑒於西晉亡國的慘痛，加以應詹卞壼陶侃他們的攻擊浪漫的行爲，雖是稍爲好了一點，但清談的風氣，仍未衰息．王導庾亮是東晉建國的大臣，權高位重，本應當勵精圖治，痛改前代的惡習．然而他們仍是不變『愛老莊，尙玄談』的故態．加以西晉的舊人如周顗、桓彝、溫嶠、謝琨、衞玠都還存在，所以清談界還是相當熱鬧的．並且王庾一登高位，選用人才，還是那些美姿容精言論的談客．如謝尙、殷浩、王濛、王述、桓溫之流，都是以談客兼僚屬的資格，同王庾發生親切的關係．當時劉惔謝安年少善談，王導加以愛重獎勵，成爲下一期的清談要角．不過他們這時候的人生態度，因了時局的壓迫，比起從前那種狂傲任誕的情形來，是較爲嚴肅較爲實際了．

『過江諸人每至美日，輒相邀新亭，藉卉飲宴．周侯（周顗）中坐而歎曰，風景不殊，正自有山河之異，皆相視流淚．唯王丞相（王導）愀然變色曰，當共戮力王室，克復神州，何至作楚囚相對．』（世說新語言語篇）

『衞洗馬（衞玠）初欲渡江，形神慘顇，語坐右云，見此芒芒，不覺百端交集，苟未免有情，亦復誰能遣此．』（同上）

可知在這個大動搖的時代裏，無論談玄說理的人，也不能不稍稍改變從前的觀感．看見山河改色，都相視流起眼淚來了．不過他們這種只是見景生情，還不是心靈上或是思想上的根本改變，眼淚一乾，又揮着麈尾清談起來了．

『殷中軍（殷浩）爲庾公（庾亮）長史，下都，王丞相爲之集．桓公（桓溫）王長史（王濛）王藍田（王述）謝鎭西（謝尙）並在．丞相（王導）自起解帳帶麈尾，語殷曰：身今日當與君共談析理．既共清言，遂達三更．丞相與殷共相往反，其餘諸賢略無所關．既彼我相盡，丞相乃歎曰：向來語乃竟未知理源所歸，至於辭喻不相負，正始之音，正當爾耳．』（世說新語文學篇）

這便是王丞相領導的清談盛會的情形．共相往返，遂達三更．興會之濃，可想而知．他念念不能忘懷的，是正始之音．他從兄弟王衍慘死的事情，恐怕早已忘記了．他們這時候清談的內容，同前期專言老莊的玄理有些不同，轉變到幾個專題上去了．據世說新語說：『王丞相過江左，止道「聲無哀樂」「養生」「言盡意」三理而已．』養生論是嵇康的一篇文章，他的思想在第五章的人生觀裏說過了，現在從略．聲無哀樂也是嵇康提出來的．他在聲無哀樂論裏說：『外內殊用，彼我異名，聲音自當以善惡爲主，則無關於哀樂．哀樂自當以情感而後發，則無係於聲音．名實俱去，則盡然可見矣．』（嵇康集）『言盡意』是討論言與意的問題．歐陽堅石言盡意論略曰：『夫理得於心，非言不暢；物定於彼，非名不辨．名逐物而遷，言因理而變．不得相與爲二矣．苟無其二，言無不盡矣．』（世說新語文學篇注引）由這些看來，王導時候所謂「無爲」「無名」「逍遙」「齊物」那些問題已經過去了，談論的集中在幾個近人提出來的小問題上，竹林名士之流，在那般人的頭腦裏，又成了崇拜的偶像了。有一天周顗去看王導，王導說：『卿欲希嵇阮耶？』答曰：何敢近舍明公遠希嵇阮。』（世說新語言語篇）從這一點，很可以看出他們當日所欽慕的對象的。

王導庾亮死後，繼承着清談的系統而爲其談主的，是那位不識稻麥的簡文帝。他雖是只做兩年皇帝，實際掌握政權幾乎有三十年之久。他是一個道地的名士，是一位風雅的清談家。謝安稱他爲『惠帝之流，清談差勝耳。』這批評是非常確切的。所以他做了皇帝，也只是『讀書談道，拱默無爲』而已。『簡文入華林園，顧謂左右曰：會心處不必在遠，翳然林水，便自濠濮間想也。覺鳥獸禽魚自來親人。』（世說新語言語篇）他這種心情，做一個隱逸詩人，自然是極合格的，叫他做皇帝，倒有點不相宜。他的兒子昌明，後來也做了皇帝，受了他的影響，在宮中正式信奉佛法，修廟宇，把和尚接到宮中去拜佛講道。晉書孝武本紀說：『帝溺於酒色，始有長夜之飲，末年長星見，帝心甚惡之，於華林園舉杯祝之曰，長星勸汝一杯酒，自古何有萬歲天子耶？』他這種曠達的心情，正可同他父親比美，只要有酒與女人，管他天子不天子呢？

簡文帝在做會稽王的時候，一時有名的談客，都集中在他的門下，談玄的說理的讀書的唸佛的，只要他有一談之長，無不收容優待．如王濛劉惔孫盛支道林許詢韓伯之流，都是他門下的談客．同這些人發生關係或前或後而都蜚聲於清談界中的，還有謝安阮裕王羲之謝萬孫綽殷仲堪王脩那些人．這樣的人才濟濟，眞可看作是東晉清談的中興時期了．

這時候的清談家，差不多都受有佛理的影響．有的專談佛理，有的以佛理解釋老莊，也有以老莊解釋佛理的，可知這期清談家的思想內容又起了轉變．當時有人用七沙門比竹林七賢的事，僧人在讀書界中的地位是很高的了．在這種空氣裏，是以支道林爲中心．他既通佛理，又精研莊老，所以時流對他非常佩服．王濛說他『尋微之功，不減王弼，』王羲之聽了他的談論，至於『披襟解帶，留連不能已，』由這種情形看來，大概那位沙門的玄談妙論，固然是高明，他的學問也確是高人一等的原故．

『殷中軍（殷浩）始看佛經，初視維摩詰，疑般若波羅密太多，後見小品，恨此語少．』（世說新語文學篇）

『支道林許掾（許詢）諸人共在會稽王齋頭，支爲法師，許爲都講．（時講維摩詰經）支通一義，四坐莫不厭心，許送一難，衆人莫不抃舞．但共嗟詠二家之美，不辯其理之安在．』（同上）

『支道林造卽色論，論成，示王中郎．（王坦之）中郎都無言．支曰，默而識之乎？王曰，既無文殊，誰能見賞．』（同上）．

可知當日清談家都在注意研究佛理，正如前人不研習老莊，不能在清談界出色一樣，現在不懂得佛理又不行了．因此大品、小品、維摩詰、卽色論種種新名詞都成了時人談論研究的對象．或以空觀之義解釋逍遙，或以三玄之學比附佛理，於是佛理三玄趨於調和混合之途．或談無或談空，好像是相同似的．玄論派到這時候也就走上更玄妙空虛的境界去了．支道林解莊的新義時人都承認是出於向郭之上，而奉爲不能搖動的理論了．

這些人雖俱以清談聞名，除了支道林以外，最著名的是殷浩與劉惔．當時名理派的孫盛談藝無敵，只有他們兩人可以與之對抗，那一次在會稽王處辯論『易象妙於見形』的時候，名賢畢集，孫盛大肆雄辯，大家都不是敵手，後來殷浩也敗了，結果還是劉惔跑來才把孫盛駁倒的．可知劉惔是當日清談界的一個名手．在世說新語裏他倆的故事，到處都是．觀其清言玄語，確是精妙而又有風趣．滑稽內帶有寓意，看了眞是令人發笑的．

『殷中軍（殷浩）問自然無心於稟受，何以正善人少，惡人多．諸人莫有言者．劉尹（劉惔）答曰：譬於寫水著地，正自縱橫流漫，略無正方圓者．一時絕歎以爲名通．』（世說新語文學篇）

『人有問殷中軍何以將得位而夢棺器，將得財而夢矢穢．殷曰：官本是臭腐，所以將得而夢棺屍．財本是糞土，所以將得而夢穢汙．時人以爲名通．』（同上）

話中雖無深意，然出口成章，幽默嘲諷，令人發笑．魏晉清談，除了玄學名理的正式辯論以外，大半是此等有幽默有詩情的言語。或談風物，或評人才，或議史事，或論鬼神，短短幾句，都雋永清妙，令人回味。世說新語說：『有諸名士共至洛水戲，還，樂令（樂廣）問王夷甫曰：今日戲樂乎？王曰：裴僕射（裴頠）善談名理，混混有雅致。張茂先論史漢，靡靡可聽。我與王安豐說延陵子房，亦超超玄著。』（言語篇）可見他們並非一天到晚在那裏談老莊論周易。有時見景生情，各抒己見。三言兩語，無不絕妙。如阮瞻之談鬼，樂廣之說夢，王濟孫楚的談風土，王坦之伏玄度的論人物，留下許多清言妙語，活現的表現出那些名士的逸致幽情。可惜他們因爲愛好此道而致於沉迷，不加節制，君臣上下，竟成風尚。二百年來，愈演愈烈。生活趨於狂誕，政務致於荒廢，而時人或稱爲通達，或名爲高逸，風尙所趨，流連忘反，眞是無可救藥了。王右軍（王羲之）與謝太傅（謝安）共登冶城。謝悠然遠想，有高世之志。王謂謝曰：夏禹勤王，手足胼胝；文王旰食，日不暇給。今四郊多壘，宜人人自效，而虛談廢務，浮文妨要，恐非當今所宜。謝答曰：秦任商鞅，二世而亡，豈清言致患耶。（世說新語言語篇）謝安是東晉的名臣，人品見識，在當時都稱是傑出之士，其意見尙且如此，其餘的我們更可不必細論了。干寶在晉紀總論內說：

『學者以老莊爲宗，而黜六經。談者以虛蕩爲辨，而賤名檢。行身者以放濁爲通，而狹節信。進士者以苟得爲貴，而鄙居正。當官者以望空爲高，而笑勤恪。是以劉頌屢言治道，傅咸每糾邪正，皆謂之俗吏。其倚杖虛曠，依阿無心者，皆名重海內。……選者爲人擇官，官者爲身擇利。而執鈞當軸之士，身兼官以十數。大極其尊，小錄其要，世族貴戚之子弟，陵邁超越，不拘資次．悠悠風塵，皆奔競之士．列官千百，無讓賢之舉．……婦女裝櫛織紝，皆成於婢僕，未嘗知女工絲枲之業，中饋酒食之事也．先時而婚，任情而動，故皆不恥淫佚之過，不拘妒忌之過，逆於舅姑，殺戮妾媵，父兄不之罪也，天下不之非也．又況責之聞四教於古，修貞順於今，以輔佐君子者哉？』

干寶的話，確實都是當時社會上的實情．進士者貴苟得，居官者笑勤恪，貴族子弟的逐官求利，婦女界的驕奢淫佚，直接間接，大半都是受了清談家所提倡的那種玄虛放蕩的風氣的影響．愛風雅，當名士，我們都無權反對，但你不能一面身居官職，一面又提倡風雅．既然做了官，肩上便負了責任，爲國爲民，都應該好好做事．講自由，講解放，都得有個限制．如果政治環境不良，你儘可辭官不做，到山中去做隱士，任你何種行爲，我們無法干涉．所以王何向郭的研究老莊的哲學，我們不反對，但後來那些頂着老莊的牌子，一天到晚是清玄談論，行爲不檢的假名士，我們要反對．阮籍嵇康不同意司馬父子的篡奪，處在那惡劣的環境裏，縱酒忘生，談論取樂的浪漫行爲，我們不反對，後來那些手掌政權位列三公的大臣們的那種慕玄虛學浪漫的風氣，我們要反對．葛洪說：

『蓬髮亂鬢，橫挾不帶，或褻衣以接人，或裸袒而箕踞．朋友之集，類味之遊，莫切切進德，闇闇修業，改過弼違，講道精義．其相見也，不復敍離闊，問安否．賓則入門而呼奴，主則望客而喚狗．其或不爾，不成親至，而棄之不與爲黨．及好會，則狐蹲牛飲，爭食競割，掣撥淼摺，無復廉恥．以同此者爲泰，以不爾者爲劣．終日無及義之言，徹夜無箴規之

益。』（抱朴子疾謬篇）

這眞是一幅魏晉名士日常生活的寫實圖。這種生活，影響社會的秩序，損害青年的心靈，那力量是極大的。朝庭是如此，家庭是如此，君臣父子朋友之間都是如此，那政治怎會不腐敗，民族的精神怎麼不衰頹呢？後人批評兩晉之亡，亡於清談，這雖是稍稍過火，然而清談家若想完完全全卸脫這種責任，這却是不可能的。桓溫北征的時候，同他的僚屬登平乘樓，眺望中原，很感歎地說：『遂使神州陸沉，百年丘墟，王夷甫諸人不得不任其責。』（晉書桓溫傳）這可以說是不打自招了。梁啓超說：『范甯謂王弼何晏二人之罪，深於桀紂；卞壼斥王澄謝鯤，謂悖禮傷教，中朝傾覆，實由於此，非過言也。平心論之，若著政治史，則王何等傷風敗俗之罪，固無可假借；若著學術思想史，則如王弼之於老易，向秀郭象之於莊，張湛之於列，皆有其所得心之處，成一家言，以視東京末葉咬文嚼字之腐儒，殆過之焉。』（中國古代學術思想變遷史）梁氏之論，比起那些一概抹煞的抽象批評，是要精確得多了。不過就是從政治上講，何王罪過桀紂，實在是寃枉的。王弼死時只二十四歲，行爲並未浪漫到何種程度，何晏因爲反對司馬父子的篡奪晉人的史傳對他的人品常有一些誹謗，這是免不了的事。在裴松之的注內，已經替他辯白過。因此我覺得傷風敗俗之罪，不應歸於何王，而應歸於王衍時代那些赤身露頂同豬飲酒，同狗鑽洞的名士的身上去的。這樣子，那就較爲平允了。

（終）

中華哲學叢書

魏晉思想論

1912

作　　者／中華書局編輯部　編著
主　　編／劉郁君
美術編輯／中華書局編輯部

出 版 者／中華書局
發 行 人／張敏君
行銷經理／王新君
地　　址／11494 台北市內湖區舊宗路二段181巷8號5樓
客服專線／02-8797-8396　　　傳　　真／02-8797-8909
網　　址／www.chunghwabook.com.tw
匯款帳號／兆豐國際商業銀行　東內湖分行
　　　　　067-09-036932　中華書局股份有限公司

法律顧問／安侯法律事務所
印刷公司／維中科技有限公司　海瑞印刷品有限公司
出版日期／2015年7月台九版
版本備註／據1983年2月台八版復刻重製
定　　價／NTD 270

國家圖書館出版品預行編目（CIP）資料

魏晉思想論 / 中華書局編輯部編著. -- 台九版.
-- 台北市 : 中華書局, 2015.07
面 ; 公分. -- (中華哲學叢書)
ISBN 978-957-43-2526-9(平裝)

1.魏晉南北朝哲學

123　　　　104009912

NO.B0019
ISBN 978-957-43-2526-9（平裝）